BANGKOK

방 콕

CHALET Travel Book

CONTENTS

여행 정보 업데이트

샬레트래블 무크 방콕의 내용은 2020년 1월까지 수집한 정보와 자료로 만들었습니다. 단, 책에 소개되어 있는 관광지와 숍, 레스토랑의 오픈 시간 및 요금, 교통편과 관련된 내용은 현지 사정에 따라 변경될 수 있습니다. 샬레트래블북은 6개월 또는 1년마다 최신 정보가 업데이트된 개정판을 발행합니다.

이 책을 보는 방법

본문 정보

📍 찾아가기
🏠 주소
☎ 전화번호
🕐 오픈 시간
THB 요금(입장료, 숙박 요금)
@ 홈페이지

지도

📷 관광명소
🍴 레스토랑
☕ 카페
🛍 쇼핑
🥄 스파
🍸 바
🏛 박물관

Ⓗ 호텔, 호스텔
Ⓨ BTS
Ⓜ MRT
⛴ 선착장
🚉 기차역
🚌 버스 정류장
🎦 극장

🔺 사원
➕ 병원
🏢 빌딩
Ⓑ 은행
🎫 매표소
🚻 화장실

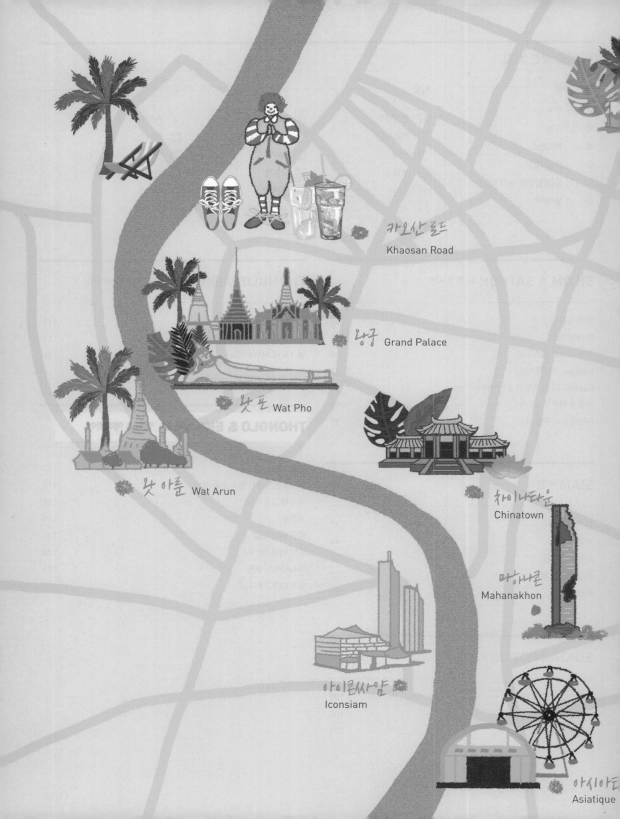

카오산 로드
Khaosan Road

왕궁 Grand Palace

왓 포 Wat Pho

왓 아룬 Wat Arun

차이나타운
Chinatown

마하나콘
Mahanakhon

아이콘싸얌
Iconsiam

아시아틱
Asiatique

짝뚜짝 주말 시장
Chatuchak Weekend Market

BANGKOK
방콕

싸얌 파라곤
Siam Paragon

룸퍼니 공원
Lumphini Park

엠쿼티어
EmQuartier

GETTING STARTED
BANGKOK

방콕
한눈에 보기

카오산 로드

왕궁

씨암

차이나타운

수쿰윗

씨롬 & 싸톤

텅러 & 에까마이

왕궁 The Grand Palace

방콕에서 빼놓을 수 없는 대표 관광지. 에메랄드 불상을 모신 왓 프라깨우와 왕궁 그리고 왓 포와 왓 아룬 등 수많은 관광객이 화려한 사원과 불상에 심취하는 곳이다. 잠시라도 모든 걸 잊고 소원을 빌어보면 어떨까?

카오산 로드 Khaosan Road

나이, 국적이 무의미해지는 여행자의 천국. 낮에 방문해 '왜 이리 한적하지? 카오산 별거 없네'라고 속단하지 말자. 해가 자취를 감춰야 비로소 카오산 특유의 바이브가 흐른다. 속단한 이방인의 뒤통수를 치고도 남을 만큼 카오산의 밤은 매력적이다.

차이나타운 Chinatown

이국에서 만나는 또 다른 이국 풍경. 화려한 네온사인과 간판에 불이 켜지고 사람들이 길거리로 쏟아지면 색다른 차원의 카오스가 열린다. 어수선함, 지저분함을 견디지 못하는 체질이라면 일정에서 과감히 빼야 할 것이다.

싸얌 Siam

반나절은 턱도 없이 모자란 방콕 쇼핑의 메카. 싸얌 디스커버리, 싸얌 센터, 싸얌 파라곤, 마분콩 그리고 센트럴 월드까지 대형 쇼핑몰만 슬쩍 돌아도 하루가 다 간다. 싸얌역에서 플런찟역까지는 스카이워크로 연결되어 있어 더욱 쾌적하게 다닐 수 있다.

쑤쿰윗 Sukhumvit

태국에서 가장 긴 대로인 쑤쿰윗 로드가 관통하는 지역. 쑤쿰윗은 방대한 곳으로 중심을 꼽자면 BTS 역을 기준으로 나나, 아쏙, 프럼퐁 정도다. 많은 호텔을 비롯해 레스토랑, 백화점, 스파, 바, 클럽 등이 모여 있어 한 번에 모든 걸 해결하고자 하는 여행자에게 안성맞춤이다.

텅러 & 에까마이 Thong Lo & Ekkamai

트렌드 세터가 즐겨 찾는 힙한 장소가 모여 있는 곳. 텅러와 그 주변은 방콕의 대표적인 부촌이다. 여기저기 띄엄띄엄 트렌디한 카페와 레스토랑이 숨어 있어 한결 여유 있는 분위기다. 우리나라 외식 비용과 별반 차이 없는 곳이 대부분이니 지갑을 두둑하게 채우고 나서자.

씨롬 & 싸톤 Silom & Sathorn

방콕의 반전 매력을 느낄 수 있는 대표적인 상업 지구다. 하늘을 찌를 듯한 고층 빌딩이 거리를 수놓고 룸피니 공원이 여가 시간을 즐기는 이들의 안식처 역할을 한다. 만약 방콕의 야시장과 유흥가가 동시에 존재하는 팟퐁이 없었다면 심심한 구역에 그쳤을 것이다.

방콕 근교 한눈에 보기

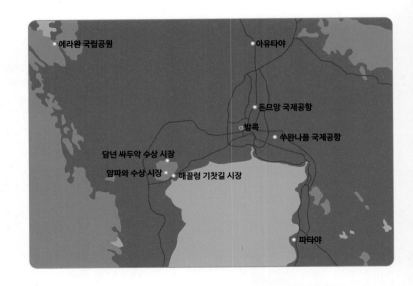

에라완 국립공원

아유타야

돈므앙 국제공항

방콕

수완나품 국제공항

담넌 싸두악 수상 시장

암파와 수상 시장   매끌렁 기찻길 시장

파타야

1 에라완 국립공원 Erawan National Park

태국 현지인도 즐겨 찾는 국립공원으로 울창한 열대 우림과 크고 작은 7개의 폭포가 만들어내는 환상적인 에메랄드 빛의 향연이 펼쳐진다. 방콕에서 일일 투어로 다녀오는 것을 추천한다.

2 아유타야 Ayutthaya

'불멸'이라는 뜻을 품고 있는 태국의 고대 수도. 찬란했던 문명은 전쟁의 상흔과 함께 남아 여행자를 과거로 초대한다. 해 질 무렵과 해가 진 후에는 낮에 느낄 수 없었던 묘한 기품을 풍기니 서로 다른 풍경을 보고 싶다면 선셋 투어를 이용해도 좋다.

3 방콕 Bangkok

기네스북에 등재될 만큼 방콕의 풀 네임은 세계에서 가장 길다. 풀 네임 중 맨 앞의 뜻을 따서 '천사의 도시'라고 부르지만 사실 악마의 도시가 더 어울린다. 맛있는 음식, 가심비 좋은 마사지, 지름신을 부르는 쇼핑 스폿까지 유혹의 손길이 끊이지 않으니 말이다. 긴 이름만큼 매력이 차고 넘친다.

4 담넌 싸두악 수상 시장
Damnoen Saduak Floating Market

방콕 주변 수상 시장 중 규모가 가장 크며 반나절 투어로 다녀오기 좋다. 수로를 따라 과일, 채소, 음식, 간식거리 등을 싣고 배를 젓는 상인들의 모습이 흥미롭고 색다르다. 카오산 로드에서 출발하는 투어는 1시간 30분~2시간 정도 걸리며 대중교통으로 갈 경우 2시간 이상 걸린다.

5 암파와 수상 시장
Amphawa Floating Market

담넌 싸두악 수상 시장은 관광객이 많은 반면 암파와 수상 시장은 현지인이 더 애용하는 곳이다. 주말에만 열려 많이 붐비며 수로에 떠 있는 배들은 움직이지 않고 상점처럼 한자리에 머물러 있다는 것이 특징이다.

방콕 풀 네임
'끄룽 텝 마하나콘 아몬 라따나꼬신 마힌타라 유타야 마하딜록 폽 노파랏 랏차타니 부리롬 우돔랏차니웻 마하사탄 아몬 피만 아와딴 사팃 사카타띠야 윗사누깜 쁘라싯'

7 파타야 Pattaya

방콕에서 2시간 남짓 거리에 있는 파타야는 해변 도시이자 해양 스포츠로 유명하다. 해변에서 핫한 휴가를 잠시 즐기고 싶다면 일일 투어로 다녀오거나 1~2박 정도 머물러도 좋다. 단, 이 책에는 파타야를 따로 소개하지 않았으니 참고하자.

6 매끌렁 기찻길 시장 Maeklong Railway Market

기찻길을 따라 들어선 시장이다. 느릿느릿한 기차는 바로 코앞을 스쳐 지나간다. 상인들은 기차가 지나갈 즈음 쳐놓은 천막을 무심하게 걷는다. 기차 안의 승객과 기차 밖의 여행자가 눈빛을 교환하며 미소 짓고 상인들은 다시 천막을 친다. 가뜩이나 좁은 철길이 기차가 지나갈 무렵 관광객으로 더욱 많이 붐빈다.

DELICIOUS THAI DISHES YOU MUST TRY

취향에 따라 골라 먹는 다양한 태국 음식

동남아시아 음식에 대해 두려움이나 거부감을 갖는 원인 중 큰 부분은 향신료가 차지한다. 태국에는 고수 외에도 이름 모를 향채가 들어간 음식이 많지만 그만큼 입맛에 맞는 먹거리도 풍부해 걱정할 필요가 없다. 또한 기본적인 요리법과 재료를 알아두면 본인 취향에 맞는 요리를 선택해 즐길 수 있어 더욱 좋다. 일반적으로 물과 얼음은 따로 주문해야 한다는 점도 기억해두자.

태국의 대표 음식인 국수(꾸어이띠여우 ก๋วยเตี๋ยว)와 관련된 단어와 기초적인 음식 재료를 알아두면 편리하다.

소고기	느어 เนื้อ / 느어우어 เนื้อวัว	다진 돼지고기	무쌉 หมูสับ	오징어	쁠라믁 ปลาหมึก
소고기 국수	꾸어이띠여우느어 ก๋วยเตี๋ยวเนื้อ	훈제 돼지고기	무댕 หมูแดง	게	뿌 ปู
닭고기	느어까이 เนื้อไก่	오리고기	느어 เนื้อเป็ด	조개	허이 หอย
닭고기 국수	꾸어이띠여우까이 ก๋วยเตี๋ยวไก่	해산물	아한탈레 อาหารทะเล	굴	허이낭롬 หอยนางรม
돼지고기	느어무 เนื้อหมู	새우	꿍 กุ้ง	완자	룩친 ลูกชิ้น
돼지고기 국수	꾸어이띠여우무 ก๋วยเตี๋ยวหมู	생선	쁠라 ปลา	고수	팍치 ผักชี

가는 면	쎈렉 เส้นเล็ก	피시 소스	남쁠라 น้ำปลา	고수 넣지 마세요.
넓은 면	쎈야이 เส้นใหญ่	고춧가루	프릭뽄 พริกป่น	마이싸이팍치 크랍 ไม่ใส่ผักชี ครับ (화자가 남성인 경우)
노란 면	쎈미르엉 เส้นหมี่เหลือง	설탕	남딴 น้ำตาล	마이싸이팍치 카 ไม่ใส่ผักชี ค่ะ (화자가 여성인 경우)
당면	운쎈 วุ้นเส้น	소금	끄르아 เกลือ	
보통 사이즈	탐마다 ธรรมดา	접시	짠 จาน	
곱빼기	피쎗 พิเศษ	컵	깨우 แก้ว	
국물 있는 국수	꾸어이띠여우 남 ก๋วยเตี๋ยวน้ำ	젓가락	따끼압 ตะเกียบ	
국물 없는 국수	꾸어이띠여우 행 ก๋วยเตี๋ยวแห้ง	숟가락	천 ช้อน	

수끼
Suki สุกี้

태국식 샤브샤브

남녀노소 누구나 즐길 수 있는 음식으로 소스에 고수가 들어가기도 하니 먹지 못한다면 빼달라고 요청하자.

카우팟
Khao Phat ข้าวผัด

볶음밥

닭고기, 소고기, 돼지고기, 파인애플 등 들어가는 재료에 따라 맛이 달라진다.

꾸어이띠여우
Kuay Tiew ก๋วยเตี๋ยว

쌀국수

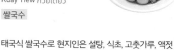

태국식 쌀국수로 현지인은 설탕, 식초, 고춧가루, 액젓 등을 취향에 맞게 듬뿍 넣어 먹는다.

팟타이
Pad Thai ผัดไทย

볶음국수

카우팟만큼 우리나라 사람들에게 잘 알려진 음식으로 본인의 취향에 맞게 양념을 넣어 먹으면 더욱 맛있다.

팟씨유
Pad See Ew ผัดซีอิ๊ว

볶음국수

태국식 간장인 씨유에 볶아낸 국수로 보통 팟타이보다 굵은 면을 사용한다.

쏨땀
Som Tam ส้มตำ

파파야 샐러드

매콤, 새콤, 달콤, 짭짤름한 맛이 모두 느껴지는 샐러드로 치킨이나 꼬치 요리, 찹쌀밥 등과 잘 어울린다.

팟팍붕파이댕
Phat Pak Bung Fai Daeng ผัดผักบุ้งไฟแดง

공심채 볶음

공심채에 태국 된장, 굴 소스, 마늘, 고추 등을 넣어 볶아낸 요리로 흰밥과 잘 어울린다.

카우만까이
Khao Man Gai ข้าวมันไก่

태국식 치킨라이스

자칫 단순해 보일 수 있으나 담백한 맛 때문에 또 찾게 되는 음식이다.

카우카무
Khao Kha Moo ข้าวขาหมู

태국식 족발 덮밥

우리나라 사람들이 좋아하는 음식 중 하나로 푹 삶은 부드러운 족발과 간장 베이스의 소스가 잘 어우러진다.

뻐삐아텃
Po Pia Tod ปอเปี๊ยะทอด

스프링 롤

사이드 메뉴로 곁들이기에 가장 무난한 음식으로 찍어 먹는 소스는 집집마다 약간 다를 수 있다.

팟크라파우무쌉
Pad Krapow Moo Sab ผัดกะเพราหมูสับ

다진 돼지고기 바질 볶음

바질 향이 매력적인 매콤한 요리로 주로 덮밥으로 먹는다.

까이팟멧마무앙
Gai Pad Med Ma Muang ไก่ผัดเม็ดมะม่วง

닭고기 캐슈넛 볶음

한입 크기로 먹기 좋게 썬 닭고기를 캐슈넛, 채소 등을 넣고 볶은 요리로 달달한 편이다.

똠얌꿍
Tom Yam Kung ต้มยำกุ้ง

`태국식 새우탕`

새우를 주재료로 한 매콤 새콤한 국물 요리로 향신료가 들어가 호불호가 갈릴 수 있다.

뿌팟퐁까리
Poo Phat Pong Curry ปูผัดผงกะหรี่

`게 커리 볶음`

코코넛 밀크가 살짝 들어간 커리 소스에 게와 채소를 넣어 볶은 요리다.

얌운센탈레
Yum Wun Sen ยำวุ้นเส้นทะเล

`해물 당면 채소 무침`

얇은 당면과 데친 해산물에 양파, 셀러리 잎 등을 넣고 매콤 새콤하게 무친 샐러드다.

꿍파오
Kung Pao กุ้งเผา

`새우구이`

새우에 양념을 더하지 않고 숯불에 직접 구운 것으로 새우 종류에 따라 kg당 가격 차이가 크다.

꿍채남쁠라
Kung Chae Nam Pla กุ้งแช่น้ำปลา

`태국식 생새우 회`

껍질을 벗긴 생새우를 고추, 마늘 등을 넣은 양념장에 찍어 먹는 음식으로, 회인 만큼 위생적이고 회전율이 좋은 곳에서 먹어야 한다.

쁠라까퐁능마나오
Pla Kapong Neung Manao

ปลากระพงนึ่งมะนาว `농어 라임찜`

농어를 라임 즙, 마늘, 고추 등을 넣은 국물에 찐 것으로 담백한 생선 살과 매콤 새콤한 국물이 조화롭다.

꿍옵운센
Kung Op Wun Sen กุ้งอบวุ้นเส้น

`새우 당면찜`

간장 양념을 한 당면 위에 새우를 얹어 찐 음식으로 누구나 무난하게 먹을 수 있다.

허이라이팟남프릭파오
Hoi Lai Pad Nam Prik Pao หอยลายผัดน้ำพริกเผา

`고추 바지락 볶음`

바지락에 마늘, 고추 등이 들어가 우리 입맛에 잘 맞는다.

텃만꿍
Tod Man Kung ทอดมันกุ้ง

`다진 새우튀김`

새우 알레르기가 있는 사람을 제외하고는 불호가 없는 음식으로 보통 달콤한 소스가 곁들여 나온다.

탈레팟프릭타이담
Thalee Pad Prik Thai Dam ทะเลผัดพริกไทยดำ

`후추를 넣은 해물 볶음`

후추 향이 가득 퍼지는 요리로 짭조름해 반찬이나 술안주로 좋다.

깽쯧탈레
Kaeng Jeud Thalee แกงจืดทะเล

`맑은 해물탕`

여러 가지 해산물에 배추, 연두부, 채소 등을 넣고 맑게 끓인 음식으로 향신료를 넣지 않아 담백하다.

어쑤언
Or Suan ออส่วน

`굴 부침`

쌀가루와 달걀을 섞은 반죽에 굴을 넣어 부친 음식으로 매콤한 소스인 남프릭 시랏차에 찍어 먹는다.

TASTE OF THAI SAUCE

태국 만능 소스 BEST 9

태국 만능 소스 하나면 항상 먹던 요리도 태국 요리로 변신 가능! 여행 후 태국 음식을 잊지 못한 나뿐만 아니라 친구, 가족을 위한 선물용으로도 그만이다. 소스 한 스푼으로 태국의 맛을 가정에서도 즐길 수 있는 매운맛부터 단맛까지 다양한 소스를 소개한다.

플럼 소스 Plum Sauce

스위트 칠리소스와 비슷하지만 플럼이 들어 있어 깔끔한 단맛이 나는 것이 특징. 간 새우를 튀긴 태국 요리 텃만꿍과 함께 먹는 소스로, 어묵과 튀김 요리에 잘 어울린다.

스위트 칠리소스 Sweet Chili Sauce

새콤달콤하며 살짝 매운맛이 돌아 어느 요리에든 잘 어울리는 스위트 칠리소스. 특히 닭고기와 어울리며 월남쌈과도 찰떡궁합이다.

남플라 소스 Nam Pla Sauce

생선을 소금에 절여 발효시킨 태국식 생선 간장. 볶음밥과 볶음국수에 넣거나 샐러드드레싱 소스로 만들어 활용해도 좋다.

스리라차 마요 Sriracha Mayo

인기 핫 소스 스리라차 소스와 마요네즈를 섞은 소스로, 약간 매콤하면서도 마요네즈의 담백함과 부드러움이 느껴진다. 소시지, 햄버거와 잘 어울린다.

카오만까이 소스 Kaomangai Sauce

생강 맛을 잘 살린 간장 소스로, 태국식 닭고기 덮밥인 카오만까이에 주로 쓰인다. 이 소스만 있으면 태국 현지 카오만까이의 맛을 그대로 재현할 수 있다. 부침개 소스로도 그만이다.

마기 소스 Maggi Sauce

태국 어느 요리에든 다양하게 이용할 수 있는 만능 소스. 간장과 우스터소스가 더해진 맛으로 볶음밥과 볶음국수는 기본이고 특히 달걀말이, 오믈렛 등 달걀 요리와 잘 어울린다.

스리라차 소스 Sriracha Sauce

매운 고추와 식초, 마늘을 이용한 태국식 핫 소스로 칼칼하면서도 새콤한 맛이 특징이다. 타바스코 대신으로 활용해도 좋다.

프릭 남플라 소스 Prik Nam Pla Sauce

태국식 생선 간장 남플라 소스에 매운 태국 고추가 들어가 있다. 샐러드나 튀김 요리, 볶음밥과 곁들이면 어느 요리든 태국 요리로 변신한다.

타이 시푸드 칠리소스 Thai Seafood Chili Sauce

해산물 요리와 함께 나오는 소스로 라임 맛이 느껴져 새콤하면서도 매운 것이 특징이다. 조개, 새우, 흰 살 생선, 오징어 등 해산물과 곁들이면 말이 필요 없을 정도로 한 번 맛보면 계속 찾게 된다.

TASTE OF STREET

거리마다 미식의 천국, 방콕

CNN이 세계 최고 길거리 음식 도시 중 한 곳으로 방콕을 선정할 만큼 방콕은 길거리 음식의 천국이다. 거리 곳곳을 거닐다 보면 맛있는 냄새로 유혹하는 음식을 그냥 지나치기에는 어려운 일. 가격도 저렴하고 맛도 뛰어나 어느새 나도 모르게 대부분의 음식을 맛봤을 정도다. 낮에는 호떡, 풀빵, 아이스크림과 같은 디저트를 쉽게 찾아볼 수 있고, 저녁에는 맥주와 어울리는 기름지고 짭짤한 안주와 한 끼 식사로도 손색없는 음식을 맛볼 수 있다.

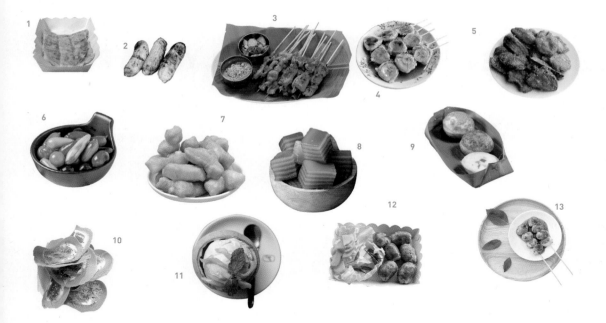

1 로띠 Roti โรตี

버터를 두른 철판에 구운 태국식 호떡으로 마지막에 연유를 듬뿍 뿌려준다. 인기를 누리는 것은 바나나 로띠로 누텔라, 코코넛, 망고 등 다양한 종류가 있다.

2 사떼 Satay หมูสะเต๊ะ

돼지고기, 새우, 닭고기로 만든 꼬치로 땅콩 소스를 찍어 먹는 것이 태국식이다.

3 끌루어이삥 Kluay Ping กล้วยปิ้ง

껍질째 숯불에 올려 구운 통 바나나 구이로 흔히 볼 수 있는 길거리 간식이다.

4 끌루어이탑 Kluay Tap กล้วยทับ

바나나를 잘라 납작하게 눌러 구운 바나나 구이로 시럽을 뿌려 먹는다.

5 끌루어이켁 Kluay Kaek กล้วยแขก

세로로 자른 바나나를 얇은 반죽을 입혀 튀긴 간식이다.

6 룩춥 Luk Chub ลูกชุบ

달달한 녹두 반죽으로 빚은 간식으로 색소를 넣어 알록달록하다.

7 빠떵꼬 Patongo ปาท่องโก๋

한국의 꽈배기 도넛과 비슷하며 아침 식사 대용으로 두유와 많이 먹는다.

8 카놈찬 Khanom Chan ขนมชั้น

멥쌀가루에 설탕, 야자 즙 등을 넣은 반죽을 네모난 틀에 부어 만든 디저트로 양갱보다는 좀 더 쫀득하다.

9 카놈크록 Khanom Krok ขนมครก

코코넛 밀크로 만든 반죽을 틀에 넣어 구운 것으로 우리나라의 풀빵과 비슷하다.

10 카놈브앙 Khanom Buang ขนมเบื้อง

밀가루나 쌀가루 반죽을 철판 위에서 구운 뒤 코코넛 크림을 넣어 만든 미니 크레페다.

11 이팀카티 Itim Kati ไอติมกะทิ

코코넛 속을 파낸 후 코코넛 아이스크림과 구운 땅콩, 코코넛 과육을 넣은 인기 디저트다.

12 싸이끄럭 Sai Krok ไส้กรอกอีสาน

태국식 소시지로 돼지고기와 찹쌀을 넣어 만든 소시지를 숯불에 구워준다.

13 룩친삥 Luk Chin Ping ลูกชิ้นปิ้ง

생선, 고기, 새우 등으로 만든 완자로 꼬치에 끼워 구워준다.

7-ELEVEN & FAMILY MART

먹거리 탐방, 24시간이 모자라

대형 마트나 시장과는 또 다른 매력을 지닌 태국 편의점은 구경하는 즐거움도, 쇼핑하는 재미도 쏠쏠하다. 여행 용품으로 쓰기에 좋은 작은 사이즈의 생필품부터 풍부한 먹거리까지 가득한 곳. 단, 편의점 주류 판매 시간은 11:00-14:00, 17:00-24:00로 정해져 있으니 숙소에서 한잔하려면 미리 구입해야 한다.

다양한
유제품

간단하게 먹기
좋은 즉석식품

수박, 초콜릿, 딸기 등
다양한 맛의 우유와 떠
먹는 요구르트. 12.5B~

따뜻하게
먹어야 더 맛있는
샌드위치

바질이 들어간 닭고기나
돼지고기 덮밥. 40B~

점원이 파니니 기계에 넣어 구워
주는 샌드위치. 20~40B

가볍게 목을
축이기에
좋은 팁코 주스

편의점 베스트
메뉴 중 하나인
새우 만두

몇 모금이면 없어지는 작은 사이즈부터 큰 사
이즈까지 믿고 마시는 주스. 18B~

태국의 3대 맥주인 싱하, 리오, 창
부터 수입 맥주까지. 캔 맥주 1캔
35~40B

빠질 수 없는
맥주

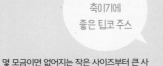   

간장을 뺀 상태에서 전자레인지에 돌린 후 간
장에 찍어 먹으면 꿀맛. 1봉지(5개) 35B

도쿄 바나나 빵인 듯
아닌 바나나 빵

안주나 심심풀이
간식으로 손색없는
타오케노이
김 과자와 벤또

우유와 찰떡궁합인
촉촉한 바나나 빵. 1개 12B

김부각과 비슷한 과자부터 더 얇고 바삭한
김 과자 그리고 빠지면 섭섭한 벤또. 김 과
자 1봉지 30~40B, 벤또 가장 작은 사이즈
5B~

SUPERMARKET SHOPPING LIST

보조 가방이 필요한 순간, 슈퍼마켓 털어오기

재래시장 물건부터 럭셔리 명품까지 모든 종류의 쇼핑을 취향대로 할 수 있는 방콕은 그야말로 쇼핑의 천국이다. 슈퍼마켓 한 곳만 가도 시간이 금세 갈 정도로 셀 수 없는 아이템이 유혹해온다. 가벼운 마음으로 갔다가 모두 담아올 수 없어 보조 가방까지 사는 여행자가 한둘이 아니니 캐리어 공간을 반드시 남기고 짐을 꾸리자.

◆ 무엇을 사야 할까 ◆

각종 요리 키트 80B~
간단히 해 먹을 수 있는 수십 가지 요리 키트와 페이스트 및 파우더. 종류는 물론 브랜드도 많으며 잘 알려진 블루 엘리펀트 팟타이 키트는 120B이다. 페이스트나 파우더는 키트보다 많이 저렴하다.

엑스트라 버진 코코넛 오일 160B~
쓰임새가 다양한 만능 오일. 피부, 머리카락 등에 바르거나 공복 상태에서 먹거나 요리에 첨가해도 좋은 오일로 자연적 특성상 낮은 온도에서 순백색 고체로 변한다. 고체로 변한 오일은 따뜻한 물에 담그거나 상온 24℃ 이상의 장소에 놓으면 다시 액체화된다.

타이티 130B~
여행 후에도 즐기는 밀크티. 연유를 넣어 섞어 먹으면 더 꿀맛인 밀크티 한 잔은 여행 중 활력소가 된다. 그 맛을 기억하기 위해 많이 사 오는 타이티 중 1945년에 생긴 차뜨라무Cha Tra Mue가 유명하니 눈에 보인다면 한 통 챙겨두자.

튜브형 연유 20B~
작고 가벼워서 쓰기 좋은 연유. 용기가 무겁거나 깨지기 쉬워서 사 올 수 없는 제품도 많은데 튜브에 들어 있는 연유는 사용하기 편하다. 타이티와 짝꿍이니 티를 살 때 같이 구매하자.

쿤나 제품 65B~
비싸도 포기할 수 없는 간식. 건과일 칩부터 크리스피 롤 과자, 초콜릿 등 여러 제품으로 사랑받는 쿤나 Kunna는 특히 우리나라 관광객에게 인기가 좋아 부피와 가격 때문에 많이 사 올 수 없다는 단점이 있다.

벤또 18B(20g)~
부담 없이 사 오기 딱 좋은 어포. 한번 맛들이면 빠져 나올 수 없다는 벤또는 순한 맛, 매운맛 등이 있어 취향에 따라 즐길 수 있다. 가볍고 납작해 부피도 많이 차지하지 않으며 가격까지 착해 일석삼조다.

꼬깨 39B(160g)~
중독성 강한 땅콩 스낵. 맥주와 찰떡궁합인 코깨Koh Kae는 심심풀이 간식으로도 손색없다. 치킨, 똠얌, 바비큐 등 7~8가지 맛이 있지만 뭐니 뭐니 해도 코끝이 알싸해지는 와사비 맛이 최고다.

김 과자 39B(32g)~
김의 변신은 무죄. 튀긴 김 스낵으로 김의 향미는 살리고 식감은 극대화시켜 먹을수록 끌린다. 오리지널, 해산물, 똠얌, 와사비 등 여러 가지 맛은 물론 종류도 다양하다. 타오케노이Tao Kae Noi 제품이 유명하며 와사비 맛은 꼬깨만큼 강하지 않다.

꿀 35B~
가성비 좋은 필수 아이템. 튜브에 들어 있는 꿀부터 유리병이나 나무통에 든 꿀까지 선택의 폭이 넓다. 선물용이라면 유기농이나 왕실 마크가 붙은 꿀을, 여러 사람에게 나눠주고 싶다면 튜브형 꿀을 추천한다.

건과일

당도, 식감이 모두 다른 건과일. 가장 많이 사 오는 말린 과일은 역시 망고다. 같은 망고라고 해도 당도나 식감이 차이 난다. 좀 더 비싸더라도 시식한 후 무게 단위로 파는 곳에서 구입하면 후회는 없다.

녹두 당면 15B(40g)~

살짝 출출할 때 즐기기 좋은 쫄깃한 면. 녹두 당면인 운쎈Wuns Sen은 국, 찌개, 샐러드 등 다양한 요리에 넣어 먹기 좋다. 작게 개별 포장된 것을 구입하면 버리는 것 없이 간편하게 사용할 수 있다.

깔라매 150B(160g)~

태국 전통 수제 디저트인 깔라매Kalamae. 쫀득한 식감의 디저트로 첨가 재료에 따라 색이 달라지는데 두리안 맛도 있으니 참고하자. 대나무 통이나 바나나 잎에 싸서 판매하기도 한다.

쿨링 파우더 32B~

현지인이 가장 많이 쓰는 스네이크 브랜드의 쿨링 파우더. 샤워한 후 바르면 서서히 시원해지는 쿨링 파우더로 4종류가 있다. 단, 멘톨 성분이 있어 12세 미만 어린이는 사용할 수 없다.

마담행 비누 30B~

허브로 만든 천연 비누. 1949년에 생긴 태국 국민 브랜드로 천연 비누임에도 풍성한 거품과 세정력으로 사랑받고 있다. 오리지널은 여드름에 효과적이며 머리부터 발끝까지 어디에나 사용해도 좋다.

모기 기피제 70B~

모기가 많은 동남아시아 지역의 필수품. 효과 좋은 소펠Soffell 제품이 인기이며 슈퍼마켓은 물론 편의점에서도 쉽게 구입할 수 있다.

◆━━━⟨ 어디에서 사야 할까 ⟩━━━◆

고메 마켓 Gourmet Market

싸얌 파라곤, 엠포리엄, 터미널 21 등 백화점이나 쇼핑몰에 있어 접근성이 좋다. 시간이 여유롭지 않은 경우 고메 마켓에 들러 쇼핑하는 것을 추천한다.

@ www.gourmetmarket
thailand.com

빅 시 Big C

태국에서 규모가 큰 슈퍼마켓 체인 중 하나로 현지인이 즐겨 찾는 곳이다. 고메 마켓보다는 가격이 저렴한 편이며 시내에서는 센트럴 월드 플라자 건너편에 있는 랏차담리 지점이 가기 편리하다.

@ www.bigc.co.th

탑스 마켓 Tops Market

태국에서 가장 많은 지점이 있는 슈퍼마켓 체인으로 아쏙역과 연결되는 로빈슨 백화점, 프럼퐁역 근처 지점이 접근하기 편리하다.

@ topsmarket.tops.
co.th

테스코 로터스 Tesco Lotus

빅 시와 비슷한 대형 슈퍼마켓으로 의류, 가전, 생활 및 가정용품 등 다양한 물품이 있다. 시내 중심에서의 접근성은 살짝 떨어진다.

@ www.tescolotus.com/
en/home

빌라 마켓 Villa Market

글로벌 제품이 많은 국제 식료품 마켓으로 외국인이 많이 사는 지역에서 주로 찾아볼 수 있다. 세계 각국의 식료품, 과자를 좋아한다면 이곳이 제격이다. 참고로 엠쿼티어 근처에 있는 지점은 24시간 오픈한다.

@ shoponline.
villamarket.com

MANGO PARADISE

망고 러버를 위한 망고 전문점

방콕에는 1년 365일 망고를 즐길 수 있는 망고 전문점이 많다. 시장이나 마트에서 생망고를 구입해 먹는 것보다 비싸지만
시원한 곳에서 망고 음료와 디저트를 취향 따라 골라 먹을 수 있어 한 번은 꼭 가게 된다.

메이크 미 망고 Make Me Mango

왓포 사원 근처에 처음으로 생긴 망고 전문점으로 센트럴 월드 3층, 킹 파워, 더 마켓 및 아이콘싸얌과 연결되어 있는 싸얌 타카시마야Siam Takashimaya에 입점해 있다. 망고, 찰밥, 아이스크림 등이 같이 나오는 시그니처 메뉴인 '메이크 미 망고'가 인기이며 본점은 왓 포, 왓 아룬을 관광한 후 당 충전을 하기에 좋아 찾는 사람이 많은 편이다.

- 📍 왓 포에서 도보 2분
- 🏠 67 Maharat Road
- 🕐 매일 10:30~20:30
- THB 음료 110~130B, 디저트 종류 175~265B

망고 탱고 Mango Tango

2001년 싸얌 스퀘어에 처음 문을 연 망고 전문점으로 아시아티크, 센트럴 월드 그리고 멀리는 치앙마이에 분점이 있다. 태국을 대표하는 남똑마이 망고를 사용하는데 향긋하면서도 진한 향이 특징이고 맛도 일품이다. 가게 이름을 딴 망고 탱고와 찰밥이 추가되는 망고 탱고 엑스트라 스티키 라이스가 인기 메뉴다.

- 📍 BTS 싸얌역에서 도보 2분
- 🏠 Siam Square Soi 3
- 🕐 매일 12:00~22:00
- THB 음료 80~135B, 디저트 종류 105~220B

옌리 유어스 Yenly Yours

합장하고 있는 귀여운 망고 캐릭터가 반겨주는 망고 전문점으로 엠쿼티어, 싸얌 센터, 센트럴 월드, 마분콩 등을 비롯해 9개 지점을 갖고 있다. 망고 스무디, 망고 찰밥은 물론 망고 찰떡, 망고 크레페도 맛볼 수 있다. 지점마다 오픈 시간이 다르니 확인하고 이동하자.

- 📍 BTS 프럼퐁역과 연결된 엠쿼티어 지하 1층
- 🏠 B Level EmQuartier
- 🕐 매일 10:00~22:00
- THB 음료 99~119B, 디저트 종류 89~159B

TIP

매와리 Mae Varee

BTS 텅러Thong Lo역에서 도보 2분 거리에 있는 매와리แม่วารี는 1년 내내 샛노란 망고를 쌓아두고 파는 곳이다. 망고철인 4~5월에는 kg당 가격이 내려가고 비수기에는 150~200B까지 된다. 생망고 외에 다양한 망고 제품을 살 수 있으며 망고 찰밥도 인기다.

- 🏠 1 Sukhumvit Soi 55
- 🕐 매일 06:00~22:00

EXOTIC FRUITS YOU MUST TRY

새콤, 달콤, 상큼!
입맛 사로잡는 과일 찾기

방콕 여행 중에 실컷 먹어야 하는 또 하나의 먹거리, 열대 과일. 우리나라에서 쉽게 접할 수 없거나 가격 때문에 평상시 눈독만 들였던 과일이 가득하다. 다양한 디저트로 변신해 각광받는 망고부터 소화제 역할을 하는 파파야까지 단 하나도 놓칠 수 없다. 처음에는 밍밍해도 먹을수록 중독되는 과일도 있으니 골고루 맛보면서 열대 과일의 매력에 빠져보자.

망고스틴 มังคุด 망쿳

'과일의 여왕'이라 불리는 망고스틴은 두툼한 껍질 속에 마늘같이 생긴 과육을 지니고 있다. 껍질에 노란색 진액이 묻어 있거나 딱딱한 것은 썩은 것일 확률이 높다. 만졌을 때 살짝 푹신한 느낌이 있는 것을 고르면 된다.

두리안 ทุเรียน 투리안

두리안의 맛과 향은 호불호가 갈려 '과일의 왕'이라는 타이틀에 반대하는 사람도 있다. 하지만 극강의 부드러움과 과일답지 않은(?) 맛에 빠지게 되면 헤어 나올 수 없다. 껍질이 두껍고 따가우니 통째로 구입할 때는 손질해달라고 부탁하거나 과육만 발라 파는 것을 사도록 하자.

망고 มะม่วง 마무엉

누구나 좋아하는 망고는 태국에서 다양한 형태로 즐길 수 있다. 가장 대표적인 디저트는 '카우니여우마무앙'으로 코코넛 밀크를 넣어 쪄낸 찹쌀밥과 망고의 조화는 그야말로 환상적이다.

리치 ลิ้นจี่ 린찌

붉은색 껍질 안에 향긋한 향의 우윳빛 과육이 들어 있다. 양귀비가 피부 미용을 위해 즐겨 먹었다고 전해지며 껍질을 깨끗이 씻은 후 먹도록 하자. 반점이 없고 붉은빛을 띠는 것이 좋다.

용안 ลำไย 람야이

살짝 딱딱한 얇은 껍질을 벗기면 반투명한 과육이 나오며 리치처럼 커다란 씨가 과육 안에 있다. 리치와는 또 다른 잔잔한 향이 난다.

람부탄 เงาะ 응어

람부탄은 인도네시아어로 '털이 많은'이라는 뜻으로 이름처럼 겉모습은 마치 털이 난 성게같이 못생겼지만 뽀얀 속살을 품고 있다. 과육은 즙이 많고 새콤달콤하다.

포멜로 ส้มโอ 쏨오

포멜로는 동남아시아가 원산지이며 단맛과 쓴맛을 지닌 과일로 자몽보다 큰 편이다. 잘 익은 것은 달달한 맛이 일품이며 포멜로 알갱이를 가득 넣은 샐러드인 '얌쏨오 Yum Som-O ยำส้มโอ'도 맛있다. 껍질이 두꺼워서 까기 힘드니 속살만 팩에 담아 파는 것을 구입하자.

잭푸르트 ขนุน 카눈

나무에 달려 있다는 게 신기할 정도로 크고 무거운 과일이다. 과육은 노란색으로 지방과 칼로리 함량이 낮아 다이어트 식품으로도 사랑받고 있다. 채식주의자들이 잭푸르트를 고기 대신 요리에 사용할 정도로 씹는 식감이 색다르다.

파파야 มะละกอ 말라꺼

익은 파파야는 껍질이 노란색이나 주황색을 띠며 초록색은 익지 않은 것으로 음식 재료로 많이 쓰인다. 비타민 C가 풍부하며 단백질 분해 효소가 있어 천연 소화제 역할도 한다.

코코넛 มะพร้าว 마프라우

코코넛은 속부터 겉까지 쓰임새가 다양하다. 하얀 과육은 과자, 크림, 오일 등으로 쓰이고 코코넛 워터는 '천연 이온 음료' 역할을 한다. 액세서리, 식기 등에 쓰이는 단단한 껍질, 수세미나 밧줄 등으로 이용되는 섬유질 부분까지 하나도 버릴 것이 없다.

로즈애플 ชมพู่ 촘푸

태국에서 흔한 과일 중 하나인 로즈애플은 연두, 빨강, 핑크 등 다양한 색상을 띤다. 과육의 대부분이 수분이라 열량도 낮다. 맛은 심심한 편이나 시원하게 먹으면 상쾌한 끝 맛이 배가된다.

> **TIP**
>
> ### 알아두면 좋은 과일 이름
>
> 바나나 กล้วย 끌루어이
> 파인애플 สับปะรด 쌉빠롯
> 수박 แตงโม 땡모
> 구아바 ฝรั่ง 화랑

SUKI! THAI STYLE HOT POT

한국인의 입맛에도 잘 맞는 수끼

태국식 샤브샤브인 수끼Suki는 태국 음식이 입에 맞지 않는 관광객도 무난하게 먹을 수 있다. 육수에 각종 야채,
버섯, 면, 고기, 어묵 등을 데쳐 먹은 후 남은 국물에 죽을 만들면 그야말로 든든한 한 끼가 된다.

TIP

MK Suki란?

엠케이 수끼는 수끼의 대명사처럼 굳어진 브랜드로 태국 전역에 지점이 400개가 넘는다. 크게 MK, MK Gold, MK Live로 나뉘며 MK Live는 유기농 야채와 질 좋은 고기를 제공한다. 일반 수끼는 재료별로 가격이 책정되어 있어 먹고 싶은 재료를 고르면 되고 뷔페는 정해진 시간 동안 한정된 수끼 재료를 마음껏 주문해 먹을 수 있다. 일반 MK 매장은 셀 수 없이 많아서 뷔페, 골드, 골드 뷔페, 라이브 매장 중 방콕 중심부에 있는 곳을 넣었으니 참고하자.

1 야채는 따로 주문하는 것보다 모둠 야채를 선택하자. 육수가 끓으면 여러 가지 야채를 먼저 넣는다.

2 야채가 어느 정도 익으면 고른 재료를 하나씩 넣어 익혀 먹는다.

3 수끼 소스에 따로 주는 마늘, 고추 등을 섞어 익은 재료를 찍어 먹으면 꿀맛. 단, 고수를 먹지 못한다면 고수를 뺀 소스를 달라고 요청하자.

4 국자는 일반 국자와 구멍이 있는 국자를 주는데, 면 종류를 시킨 경우 구멍이 있는 국자에 면을 조금 담아 국물에 살짝 익혀 먹으면 된다.

5 수끼만 먹기에 허전하다면 고기 종류의 단품 요리나 딤섬 등을 곁들여도 좋다.

6 적당히 배가 부르면 죽(카우똠Khao Tom ข้าวต้ม)으로 마지막을 장식하자. 직원에게 카우똠을 만들어 먹을 거라고 요청하면 재료(밥, 달걀, 참기름, 파 등)를 가져다준다.

7 국물이 많이 남았다면 밥을 넣었을 때 자작하게 담길 정도만 남기고 빈 그릇에 덜어낸다. 밥을 넣어 끓인 후 달걀을 풀어 잘 섞고 파, 참기름을 첨가해 마무리하면 된다.

MK 매장 종류	찾아가기	오픈
MK Buffet	메이저 시네플렉스 쑤쿰윗Major Cineplex Sukhumvit 2층에 위치, BTS 에까마이역에서 도보 2~3분	월~금요일 10:30-22:00 토~일요일 10:00-22:00
MK Gold	싸얌 파라곤 1층 푸드 존에 위치, BTS 싸얌역에서 싸얌 파라곤까지 스카이워크로 연결	매일 10:00-22:00
MK Gold Buffet	BTS 에까마이역 1번 출구에서 도보 4~5분	매일 10:00-22:00
MK Live	엠쿼티어 6층에 위치, BTS 프럼퐁역에서 엠쿼티어까지 스카이워크로 연결	매일 10:00-22:00

INSTAGRAMMABLE CAFE

맛과 분위기 모두 사로잡은 인스타 핫 카페

우리나라 못지않게 방콕에도 스타벅스 매장이 많지만 점차 로스팅 카페를 비롯해 개성 넘치는 커피를 선보이는 곳이 두각을 나타내고 있다.
이런 이유로 핫한 매력 만점의 카페를 탐방하는 카페 러버가 많아지고 있으며 방콕 여행의 목적도 하나 더 늘었다.

Chalet
chalettnl · · ·

♡ ♡ ◁

♡ **5686** likes

페더스톤 Featherstone

19세기 아포테케리Apothecary 분위기로 꾸민 비스트로 겸 카페로 인스타 감성 사진을 찍기에 좋아 여성에게 특히 인기다. 페더스톤의 시그니처 음료는 꽃잎 얼음 큐브가 들어간 탄산음료로 미각보다는 시각을 더 사로잡는다. 한편에는 라이프 스타일 숍이 있으며 계산할 때 운세가 적힌 깃털 모양의 제비뽑기를 건네 재미를 더한다.

📍 MRT와 BTS 역 모두 멀리 떨어져 있어 택시 타고 가는 것을 추천

🏠 12 Khwaeng Khlong Tan Nuea

🕐 매일 10:30~22:00

THB 커피 90~160B, 파스타와 피자 220~390B

핸즈 앤드 하트 카페 Hands and Heart Café

화이트 톤으로 군더더기 없이 딱 떨어지게 꾸민 작은 규모의 카페로 메인 거리에서 한 발짝 들어간 곳에 있어 북적거리지 않는다. 아침 일찍부터 문을 열어 간단한 페이스트리 메뉴도 판매하는데 무엇보다 이곳을 대표하는 것은 커피로 '2019 태국 바리스타 대회'에서 챔피언십을 거머쥔 바리스타가 내려준 핸드 드립 커피를 추천한다. 커피는 120~200B 선이다.

- 📍 BTS 텅러Thong Lo역 4번 출구에서 도보 3분
- 🏠 33 Sukhumvit Soi 38
- 🕐 매일 07:00-19:00
- THB 클린 핸즈 140B, 커피 120~220B, 샌드위치 140~180B

팩토리 커피 Factory Coffee

월드 바리스타 챔피언을 비롯해 화려한 수상 경력을 자랑하는 바리스타가 운영하는 카페다. 크게 시그니처, 에스프레소, 필터 메뉴로 나뉘는데 시그니처 메뉴에서 선보이는 독특하면서 실험적인 커피는 이곳의 자랑이다. 토닉, 직접 만든 레몬 시럽 등이 들어간 파야타이, 크림과 시럽 등이 들어간 슈프림 등이 인기이며 보틀에 담아 파는 시원한 밀크 커피도 맛있다.

- 📍 MRT와 BTS가 지나는 파야타이Phaya Thai역에서 도보 2분
- 🏠 49 Phayathai Road
- 🕐 매일 08:00-18:00
- THB 시그니처 메뉴 100~150B, 에스프레소 메뉴 80~100B, 필터 메뉴 150~400B

레드 다이아몬드 스페셜티 커피 Red Diamond Specialty Coffee

레드 다이아몬드 카페의 헤드 바리스타인 니콜라스 호Nicholas Haw는 커피 제조 과정의 모든 단계에 참여해 완벽한 커피를 만들어낸다. 치앙라이에 커피 농장이 있으며 검증된 원두만 사용한다. 본점은 방콕 시내에서 조금 떨어진 곳에 있으니 시내에서 접근하기 가장 쉬운 센트럴 월드 지점에 들러보자. 아이콘싸얌과 센트럴 플라자 랏프라우Central Plaza Ladprao에서도 만날 수 있다.

- 📍 센트럴 월드 5층(센트럴 월드는 BTS 싸얌역과 칫롬역 사이에 있으며 두 역에서 스카이워크로 연결)
- 🏠 235 Soi Yothin Phattana 3
- 🕐 매일 10:00-21:00
- THB 커피 120~200B

랏츠.싸톤 Lots.Sathon

상업 지구인 싸톤에 들어선 카페로 바가 있는 곳을 제외하고 삼면이 통유리로 되어 있어 답답하지 않다. 커피 외에 크루아상, 토스트, 와플 및 브런치 메뉴도 판매한다. 현지인도 많이 찾는 곳이라 주말에는 사람들로 붐빈다.

📍 BTS 청논씨Chong Nonsi역에서 도보 7분
🏠 43/1 Naradhiwas Rajanagarindra Soi 7
🕐 월~금요일 08:00-17:00, 토~일요일 09:00-17:00
THB 커피 및 음료 60~90B

Chalet chalettnl ・・・

♡ ○ ◁
5686 likes

Chalet chalettnl ・・・

♡ ○ ◁
5686 likes

갤러리 드립 커피 Gallery Drip Coffee

다양한 무료 전시가 열리는 방콕 문화예술센터BACC 1층에 있는 카페로 이름처럼 모든 커피의 베이스는 드립 커피다. 스페셜티 커피의 선구자 격인 카페로 잘 알려졌으나 커피 맛이 묵직해 호불호가 갈릴 수 있다. 진한 커피를 선호하지 않는다면 티나 다른 음료를 마셔보자.

📍 BTS 내셔널 스타디움National Stadium역에서 도보 2분
🏠 1st Floor, Bangkok Art & Culture Centre
🕐 화~일요일 10:30-20:30, 월요일 휴무
THB 커피 80~150B, 티 70~100B

THE BEST PLACES FOR AFTERNOON TEA

방콕의 행복한 오후, 애프터눈 티

고급 호텔의 천국이라고 불리는 방콕은 호텔 라운지와 카페에서 오후 2~5시에 제공하는 애프터눈 티 천국이다. 케이크, 티, 태국식 애피타이저 등 어느 하나 똑같은 구성의 애프터눈 티는 찾아보기 힘들다. 차의 라인업을 중요하게 여기는 호텔, 모든 디저트를 직접 만드는 호텔, 플레이팅의 화려함을 강조하는 등 저마다 개성이 다르다. 애프터눈 티의 강국답게 고급 호텔의 애프터눈 티 요금 반값으로도 충분히 즐길 수 있는 카페도 있다. 화려함은 덜하지만 맛과 구성은 일류 호텔 못지않다.

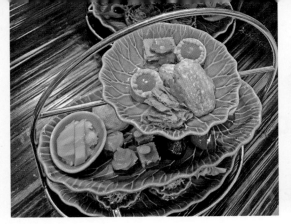

©The House on Sathorn

에라완 티 룸 Erawan Tea Room

<미슐랭 가이드> 2019년에 소개된, 태국식 디저트로 구성된 애프터눈 티를 선보이는 에라완 티 룸은 그랜드 하얏트에서 운영하는 곳이다. 세계적인 디자이너 토니 치 Tony Chi가 디자인한 세미 캐주얼한 분위기의 티 룸으로 창가 좌석에 앉아 에라완 사원을 바라보며 여유로운 애프터눈 티를 즐길 수 있다. 중국, 스리랑카, 태국에서 생산된 티를 사용하며 1인 1세트 650B~.

📍 그랜드 하얏트 에라완 방콕 쇼핑몰Grand Hyatt Erawan Bangkok Mall 2층 / BTS 칫롬Chit Lom역과 연결된 스카이워크를 따라 도보 2~3분
🏠 494 Ratchadamri Rd
🕐 매일 10:00-22:00, 애프터눈 티 14:30-18:00

하우스 온 싸톤 The House on Sathorn

현대적인 고층 건물 사이에 시간을 멈춘 듯한 고전적인 유럽풍 건물이 눈에 띄는 곳이다. 내부는 클래식하고 고급스러운 가죽 소파와 로코코 양식의 화려한 기둥이 품격을 더한다. 특히 노란색 외벽과 초록색 창 옆 테라스에서 즐기는 애프터눈 티 (Afternoon Tea, 1350B~ / 2인 1세트)는 마치 1800년대의 유럽 속으로 타임 슬립한 기분이 든다.

📍 BTS 청논씨Chong Nonsi역에서 도보 6분
🏠 106 North Sathon Rd
🕐 매일 12:00-24:00, 애프터눈 티 14:30-17:30

오서스 라운지 Authors' Lounge

럭셔리 호텔 체인인 만다린 오리엔탈에서 운영하는 카페로 1층에 있다. 호텔의 명성을 그대로 이어받아 내부에 들어서는 순간 19세기 유럽의 저택에 들어온 듯 고풍스럽고 클래식한 분위기에 압도된다. 애프터눈 티 세트가 잘 나오기로 소문이 났는데 마카롱, 케이크, 샌드위치로 구성된 웨스턴(Western, 1500B)과 태국 디저트, 애피타이저로 구성된 오리엔탈(The Oriental, 1500B) 세트가 인기다. 세트에 포함된 스콘은 버터의 풍미가 좋고 수제 잼과의 조화도 일품이라 고객의 사랑을 한 몸에 받는다. 샌들, 반바지 착용은 금지되는 등 옷차림에 대한 규정이 있으니 유의하자.

📍 BTS 싸판딱씬Saphan Taksin역에서 하차 후 역 옆에 있는 싸톤Sathorn 선착장에서 만다린 호텔로 가는 셔틀 보트로 이동
🏠 48 Avenue Bang Rak Bangkok
🕐 매일 11:00-19:00, 애프터눈 티 12:00-17:30

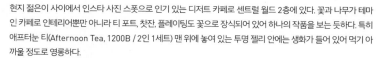

디바나 시그니처 카페 Divana Signature Cafe

현지 젊은이 사이에서 인스타 사진 스폿으로 인기 있는 디저트 카페로 센트럴 월드 2층에 있다. 꽃과 나무가 테마인 카페로 인테리어뿐만 아니라 티 포트, 찻잔, 플레이팅도 꽃으로 장식되어 있어 하나의 작품을 보는 듯하다. 특히 애프터눈 티(Afternoon Tea, 1200B / 2인 1세트) 맨 위에 놓여 있는 투명 젤리 안에는 생화가 들어 있어 먹기 아까울 정도로 영롱하다.

📍 BTS 싸얌Siam역에서 도보 6분

🏠 Central World Khwaeng Pathum Wan

🕐 매일 10:00-21:30

찬 & 유파 티 룸
Chan & Yupa Tearoom

유명 호텔의 애프터눈 티처럼 화려하고 고급스럽지는 않지만 한국인들 사이에서는 저렴한 가격에 즐기는 애프터눈 티(Tea Set For Two, 850B / 2인 1세트)로 유명하다. 2단 접시에 가득한 디저트는 보기만 해도 행복해진다. 날씨 좋은 날 정원이 보이는 창가 자리에 앉아 달콤한 마카롱과 케이크를 먹고 있으면 한낮의 더위와 여행의 피로를 잠시나마 잊을 수 있다.

📍 BTS 아쏙Asok역에서 도보 5분

🏠 12 Sukhumvit Soi 10

🕐 매일 07:00-22:00

ALL YOU CAN EAT BUFFET

뭘 좋아할지 몰라 다 준비했어. 한 번쯤은 뷔페

길거리 음식부터 파인 다이닝까지 먹거리가 풍부한 태국에서 뭘 먹어야 할지 모르는 것은 어찌 보면 당연하다. 이럴 때는 한 번쯤 잘 차려진 뷔페에서 입맛에 맞는 음식으로 즐거운 한때를 보내는 것도 좋다. 모든 음식을 다 먹어볼 수는 없으니 천천히 여유롭게 음미해보자.

© Copper Buffet

코퍼 뷔페 Copper Buffet

코퍼 뷔페는 방콕 중심지에서 약간 떨어져 있지만 카오산에서 멀지 않아 다녀오기에 괜찮다. 더 센스 삔끌라오The Sense Pinklao 쇼핑몰 2층에 있으며 가성비, 가심비 모두 만족스러운 곳이라 주말에는 특히 현지인들로 붐빈다. 와규 스테이크, 연어 스테이크, 쏨땀, 파스타 등 직접 만들어주는 음식도 맛있다. 하루에 4타임으로 나뉘어 있으니 참고하자.

📍 왓 포 사원에서 약 4.6km 떨어져 있어 차로 13~20분 소요
🏠 71/50 Borommaratchachonnari Rd
🕐 11:00-13:00, 13:30-15:30, 17:00-19:00, 19:30-21:30
THB 뷔페 어른 987B, 어린이(키 90~120cm) 300B

©Copper Buffet

©Goji Kitchen & Bar

JW 카페 JW Café

JW 메리어트 호텔 1층에 있는 세련된 분위기의 인터내셔널 레스토랑으로 올데이 다이닝을 즐길 수 있는 곳이다. 가짓수는 물론 음식 종류도 서양, 태국, 인도 등 다양하다. 직접 자리에서 주문할 수 있는 요리로는 해산물, 스시, 사시미, 파스타 등이 있으며 디저트도 훌륭하다.

📍 BTS 나나Nana역 2번 출구에서 도보 7분 / BTS 플런찟Phloen Chit역 4번 출구에서 도보 6분

🏠 4 Sukhumvit Rd

🕐 런치 뷔페(월~토요일) 12:00-14:30, 디너 뷔페(매일) 18:00-22:30

THB 런치 뷔페 1360B, 디너 뷔페(일~목요일) 1780B, 디너 뷔페(금~토요일) 2000B

고지 키친 & 바 Goji Kitchen & Bar

메리어트 마르퀴스 퀸즈 파크 호텔 1층에 자리한 레스토랑으로 초밥이나 해산물에 큰 비중을 두지 않는다면 런치 뷔페를 추천한다. 점심에도 인기가 많아 예약은 하고 가는 것이 좋으며 즉석에서 구워주는 고기 요리, 딤섬, 디저트 등 대부분의 음식이 맛있다. 식사 후 엠포리엄으로 이동할 경우 호텔 무료 셔틀 서비스를 이용하면 편리하다.

📍 BTS 프럼퐁Phrom Phong역에서 도보 12~15분

🏠 199 Sukhumvit Soi 22

🕐 런치 뷔페(월~토요일) 12:00-14:30, 디너 뷔페(매일) 18:00-22:00

THB 런치 뷔페 1140B, 디너 뷔페(일~목요일) 1764B, 디너 뷔페(금~토요일) 2505B

©The Rain Tree Café

레인 트리 카페 The Rain Tree Café

레인 트리 카페는 럭셔리한 아테네 호텔에서 만날 수 있다. 가짓수가 많은 편은 아니나 음식 하나하나에 신경 썼다는 게 느껴져 오히려 더 큰 만족감을 준다. 호텔 명성답게 세심한 서비스가 돋보이며 고급 호텔치고는 가격도 아주 비싼 편은 아니다. 런치나 디너 뷔페 모두 추천한다.

📍 BTS 플런찟Phloen Chit역에서 도보 5분

🏠 61 Wireless Rd

🕐 런치 뷔페(월~금요일) 12:00-14:30, 디너 뷔페(매일) 18:00-22:30

THB 런치 뷔페 1200B, 디너 뷔페(일~목요일) 1600B, 시푸드 디너 뷔페(금~토요일) 1900B

TIP

* 대부분 물, 커피 등을 제외한 탄산음료나 주류는 따로 추가 요금을 내고 주문해야 한다.

* 부가세와 서비스 차지(약 17%)는 예약처에 따라 포함 또는 불포함될 수 있으니 예약할 때 잘 확인하자.

* 이티고(eatigo.com) 사이트나 이티고 애플리케이션, 태국 여행 카페 및 소셜 사이트를 활용해 할인받아 예약하면 좀 더 경제적인 가격으로 즐길 수 있다.

THE CITY OF LIGHT

잠들지 않는 방콕의 루프톱 바

방콕은 세계 15위 안에 드는 마천루의 도시로 밤이 되면 색다른 모습으로 반짝거린다. 한 번쯤 도심 빌딩에 올라 노을 지는 하늘과 잠들지 않는 방콕을 담아보는 건 어떨까? 시 로코나 버티고 문바 등은 여전히 유명세를 자랑하지만 가격도 그만큼 높아 좀 더 경제적으로 즐길 수 있는 바를 소개한다.

© Red Sky Bar

레드 스카이 바 Red Sky Bar 55~59층

센타라 그랜드Centara Grand 호텔 55층에 있는 레드 스카이 바는 360도 전망을 즐 길 수 있는 곳이다. 59층에는 레드 스카이 바보다 2배 정도 비싼 크뤼 샴페인 바CRU Champagne Bar가 있다. 센타라 그랜드 호텔은 큰 규모를 자랑하는 센트럴 월드 쇼 핑몰에 있어 예약 시간보다 여유롭게 도착하는 것이 좋다. 레드 스카이 바의 칵테일 은 340~450B 정도다.

📍 BTS 싸얌Siam역과 칫롬Chit Lom역에서 스카이워크를 통해 연결되는 센트 럴 월드 쇼핑몰에서 센타라 그랜드 호텔 이정표를 따라 이동

🏠 2 Sukhumvit Soi 57

🕐 **레드 스카이 바** 매일 16:00-01:00 **크뤼 샴페인 바** 매일 17:00-01:00

@ www.bangkokredsky.com

© Octave Rooftop Bar & Lounge

옥타브 루프톱 바 & 라운지 Octave Rooftop Bar & Lounge 46~49층

텅러 시내 중심가의 스카이라인을 막힘 없이 감상할 수 있는 유명 호텔 루프톱 라 운지 옥타브. 맨 꼭대기 층은 49층으로 48층에 내려서 계단으로 올라가면 된다. 간 단한 식사 메뉴를 같이 즐기고 싶다면 좀 더 조용한 46층을 추천한다. 해피 아워 (17:00-19:00)에 방문하면 일부 칵테일을 50% 할인된 가격에 마실 수 있으며 어둠 이 깔리면 49층에 있는 DJ 부스에 파란 조명이 켜지면서 분위기가 고조된다. 시그 니처 칵테일은 390B.

📍 BTS 텅러Thong Lo역 3번 출구에서 도보 3분 거리에 있는 메리어트 호텔 48층

🏠 2 Sukhumvit Soi 57

🕐 매일 17:00-02:00

@ www.marriott.com/hotels/travel/bkkms-bangkok-marriott-hotel-sukhumvit

© Above Eleven

© HI-SO Rooftop Bar

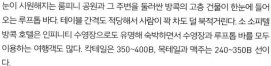

어보브 일레븐 Above Eleven 32~33층

루프톱 바 겸 레스토랑인 어보브 일레븐은 방콕과 인도네시아 발리에서 만날 수 있다. 요일별로 다른 장르의 음악을 연주하며 페루 음식인 세비체를 비롯해 다양한 음식을 판매한다. 칵테일은 340~400B 정도로 다른 루프톱 바와 비슷하며 나나역에서 10분 정도 걸어가야 한다는 아쉬움이 있다.

📍 BTS 나나Nana역에서 도보 9~12분 소요되는 프레이저 스위트 쑤쿰윗Fraser Suites Sukhumvit 32층

🏠 38/8 Sukhumvit Soi 11

🕐 매일 18:00-02:00

@ aboveeleven.com/bangkok

하이-소 루프톱 바 HI-SO Rooftop Bar 29~30층

눈이 시원해지는 룸피니 공원과 그 주변을 둘러싼 방콕의 고층 건물이 한눈에 들어오는 루프톱 바다. 테이블 간격도 적당해서 사람이 꽉 차도 덜 북적거린다. 소 소피텔 방콕 호텔은 인피니티 수영장으로도 유명해 숙박하면서 수영장과 루프톱 바를 모두 이용하는 여행객도 많다. 칵테일은 350~400B, 목테일과 맥주는 240~350B 선이다.

📍 MRT 룸피니Lumphini역에서 도보 4분 거리에 있는 소 소피텔 방콕SO Sofitel Bangkok 호텔 29층

🏠 2 North Sathon Road

🕐 매일 17:00-01:00

@ www.so-sofitel-bangkok.com/wine-dine/hi-so-rooftop-bar-bangkok

---

마하나콘 스카이워크 Mahanakhon Skywalk

태국에서 가장 높은 전망대로 스카이워크가 있는 곳은 78층, 높이 314m다. 바닥이 유리로 되어 있는 스카이워크에는 항상 인증 사진을 찍기 위해 현지인 및 관광객이 몰려드는데, 일정 인원이 준비된 덧신을 신고 유리 위로 올라갈 수 있다. 이때 휴대폰과 카메라는 가져가지 못하기 때문에 일행에게 사진을 찍어달라고 부탁해야 한다. 실내 전망대가 있는 74층까지는 초고속 엘리베이터로 약 50초 만에 도달하며 76층에는 실내석을 포함해 230명 정도 수용할 수 있는 스카이 바(17:00-01:00)가 있다. 스카이워크와 74층 전망대 포함 입장권은 어른 기준 650~836B이다. 스카이워크는 악천후일 때 예고 없이 입장을 금지하며 환불도 받을 수 없으니 참고하자.

📍 BTS 청논씨Chong Nonsi역 3번 출구와 연결

🕐 10:00-24:00(마지막 입장 23:00)

@ kingpowermahanakhon.co.th

TIP

예약 추천

루프톱 바의 좋은 좌석은 금세 사람들이 차지하기 때문에 미리 예약하고 가는 것이 안전하다. 소셜 사이트에서 할인받아 예약할 경우 조건을 꼼꼼히 따져보자.

주류 판매 금지일

만불절(2월 중, 해마다 날짜 다름), 석가 탄신일(5월 중, 해마다 날짜 다름), 삼보불절(7월 중, 해마다 날짜 다름), 입안거일(7월 중, 해마다 날짜 다름), 푸미폰 국왕 탄신일(12월 5일) 등에는 대형 마트, 편의점, 레스토랑, 바 등에서 주류를 판매하지 않는다.

드레스 코드 확인

기본적인 드레스 코드를 지켜야 하는 루프톱 바가 많으니 예약할 때 잘 확인해야 한다. 복장 규정이 있는 곳은 운동복 차림, 민소매 티셔츠, 슬리퍼, 플립플롭 등은 허락하지 않는 곳이 대부분이다.

CHAO PHRAYA RIVER DINNER CRUISE

맛과 멋을 한번에! 취향대로 고르는 디너 크루즈

짜오프라야 강 줄기를 따라 펼쳐지는 방콕의 야경은 시내만큼 화려하지는 않지만 유명 사원에 조명이 들어와 은은한 분위기를 만끽할 수 있다. 한국에서 미리 할인받아 예약할 수 있는 루트가 다양해 조금만 부지런하면 좀 더 경제적인 가격으로 크루즈를 즐길 수 있다. 단, 크루즈 업체도 다양하고 분위기나 음식도 제각각 다르니 동행, 예산, 취향 등을 고려해 선택하자.

짜오프라야 프린세스 Chao Phraya Princess

가장 대중적인 크루즈. 라이브 공연이 신나며 가격적인 면에서도 부담이 덜해 야외 좌석은 예약이 빨리 마감되기도 한다. 뷔페식이며 음식 맛은 평범하다. 승선 장소(아시아티크, 아이콘싸얌, 리버 시티)마다 체크인, 출발 시간, 도착 시간이 다르므로 예약할 때 꼼꼼히 확인해야 한다.

THB 성인 1500B, 5~12세 1100B, 5세 미만 무료
@ www.thaicruise.com

아난타라 마노라 Anantara Manohra

낭만적인 분위기의 크루즈. 아난타라 리버사이드 방콕 리조트Anantara Riverside Bangkok Resort에서 운영하는 크루즈로 오픈형 단층 구조. 고전미가 물씬 풍기는 바지선에서 오붓하게 즐기고 싶다면 마노라가 제격. 뷔페는 아니며 애피타이저부터 후식까지 태국 요리가 제공되고 채식주의자는 예약할 때 채식 메뉴로 선택할 수 있다. 물과 음료는 포함되지 않는다.

THB 성인 2300B, 4~12세 1000B
@ www.manohracruises.com

샹그릴라 호라이즌 Shangri-La Horizon

조용한 분위기의 뷔페식 크루즈. 최대 140명을 수용할 수 있는 2층 구조의 쾌속선으로 호텔 명성에 걸맞게 음식이 맛있다. 다른 크루즈보다 복장 규정이 엄격해 스마트 캐주얼로 입어야 한다. 슬리퍼, 샌들, 플립플롭, 민소매, 반바지와 너무 짧은 스커트 등의 복장은 안 되며 0~2세 유아는 배에 탈 수 없으니 유의하자.

THB 성인 2500B, 6~11세 1250B, 3~5세 무료
@ www.shangri-la.com/bangkok/shangrila/dining/restaurants/horizon-cruise

BEST CRAFT BEER BARS IN BANGKOK

방콕은 현재 크래프트 맥주 BOOM

수제 맥주 붐이 일어 치열한 경쟁에서 살아남기 위해 맥주의 질이 급상승한 태국의 크래프트 비어. 비어 러버 태국 국민들의 마음을 사로잡은 맥주는 더운 태국 날씨와 어울리게 산미가 강하고, 청량감이 느껴지는 것이 많다. 여행 후 하루의 피로를 풀 수 있는 인기 바와 호텔에서도 가볍게 즐길 수 있는 편의점 인기 크래프트 맥주를 소개한다.

미톨 바 Mitr Bar

개인이 소규모 맥주를 제조하는 것을 법적으로 제재하는 태국에서 Chitbeer, Devenom, Wizard Beer 등 태국 유명 양조장 6군데가 결집해 설립한 미톨 크래프트Mirt Craft의 맥줏집. 오렌지와 꿀 향이 느껴지는 비어가 인기다. 태국 고유의 향과 맛을 느낄 수 있는 맥주를 만들기 위해 노력해온 인기 양조장의 맥주 기술을 태국 전역으로 널리 알리고자 노력하고 있다.

📍 BTS 빅토리 모뉴먼트Victory Monument역에서 도보 2분
🏠 46 Rang Nam Alley, Thanon Phaya Thai
🕐 매일 17:00-24:00

미켈러 방콕 Mikkeller Bangkok

덴마크 코펜하겐에서 탄생한 집시 양조의 대표 주자 미켈러Mikkeller의 방콕 지점. 아시아에서는 서울, 방콕, 도쿄, 타이완, 싱가포르에서 만날 수 있으며 다른 곳에서 쉽게 접할 수 없는 수제 맥주를 만날 수 있다는 것이 가장 큰 매력이다. 단, 텅러나 에까마이역에서 걸어가기에는 적합하지 않으니 택시나 그랩을 이용하자.

📍 BTS 텅러Thong Lo역 및 에까마이Ekkamai역에서 차로 2.5~3km
🏠 26 Ekkamai Soi 10, Lane 2
🕐 매일 17:00-24:00

◆ 편의점 인기 크래프트 비어 ◆

마하나콘
Mahanakhon

발렌시아 오렌지를 사용한 화이트 에일. 월드 비어 어워드에서 수상한 바 있다.

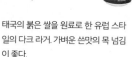

라이스베리 비어
Riceberry Beer

태국의 붉은 쌀을 원료로 한 유럽 스타일의 다크 라거. 가벼운 쓴맛의 목 넘김이 좋다.

싸얌 바이젠
Siam Weigen

라임 향의 청량감이 매력적인 맥주. 후덥지근한 태국의 날씨와 딱 어울리는 상쾌함이 느껴진다.

굿 보이
Good Boy

개성적인 디자인이 눈이 가는 맥주. 자몽의 강한 산미가 느껴지는 크림 에일이다.

MASSAGE & SPA

쉼을 누려도 여행이 되는 곳, 방콕에서 게으름 만끽하기

방콕은 결정 장애가 올 정도로 마사지 숍이 많다. 카오산 로드에 즐비하게 늘어선 마사지 숍부터 고급 호텔 스파까지 선택의 폭이 넓어 고르기 쉽지 않지만 그만큼 다양하게 즐길 수 있다. 태국 마사지의 매력에 빠지면 어느새 1일 1마사지를 하고 있는 자신을 발견할 것이다.

오아시스 스파 Oasis Spa

도심 속 휴식을 만끽할 수 있는 공간과 세심한 서비스로 꾸준한 명성과 인기를 유지하는 곳이다. 방콕에는 화이트 색상 건물에 세련미가 묻어난 안락한 분위기의 쑤쿰윗 쏘이 31 지점과 좀 더 다채로운 색상으로 친근감을 주는 쑤쿰윗 쏘이 51 지점이 있다. 한국어로 된 스파 안내서와 마사지 체크리스트도 준비되어 있다. 두 지점 모두 BTS 프럼퐁역에서 왕복 무료 셔틀을 제공하니 예약할 때 요청하자.

📍 **쑤쿰윗 쏘이 31 지점** 가까운 BTS 역이 없어 택시로 이동하거나 무료 셔틀 이용 **쑤쿰윗 쏘이 51 지점** BTS 텅러역과 프럼퐁역에서 도보 10~15분(택시나 무료 셔틀 이용 가능)

🏠 **쑤쿰윗 쏘이 31 지점** 64 Sukhumvit 31 Yaek 4 **쑤쿰윗 쏘이 51 지점** 88 Sukhumvit Soi 51

🕐 매일 10:00~22:00

THB 킹 오브 오아시스, 퀸 오브 오아시스 2시간 3900B, 오아시스 포 핸즈 마사지 1시간 2500B, 아로마 테라피 핫 오일 마사지 1시간 1350B

@ www.oasisspa.net

탄 생추어리 스파 Thann Sanctuary Spa

탄은 2002년에 론칭한 태국의 대표적인 스파 브랜드로 아로마 테라피, 해부학, 마사지 기술에 대한 폭넓은 지식을 갖춘 치료사들이 관리를 해준다. 방콕에는 4개 지점이 있는데 게이손 빌리지 3층, 엠포리엄 스위트 바이 차트리움 호텔 5층, 아이콘싸얌 4층과 쑤쿰윗 쏘이 47에서 만날 수 있다. 모든 지점의 운영 시간은 동일하니 이용하기 편한 곳으로 예약하자. 참고로 우리나라 강남에도 지점이 있다.

지점	찾아가기	주소
게이손 빌리지	BTS 칫롬역에서 도보 6분	845 Sukhumvit Rd
엠포리엄 스위트 바이 차트리움	BTS 프럼퐁역과 연결	622 Sukhumvit Soi 24
아이콘싸얌	BTS 싸판딱씬역 2번 출구에서 무료 셔틀버스 이용	299 Charoen Nakhon Road
쑤쿰윗 쏘이 47	쑤쿰윗 쏘이 47 입구에 있으며 BTS 프럼퐁역과 텅러역 사이에 위치해 두 역에서 모두 도보 8~10분	845 Sukhumvit Road

🕐 매일 10:00~22:00

THB 탄 생추어리 시그니처 마사지 90분 3000B, 아로마 테라피 마사지 90분 2800B, 전통 타이 마사지 2시간 2000B

@ www.thannsanctuaryspa.info

내가 제일 잘나가! 탄의 베스트 아이템

탄 제품의 핵심 성분은 쌀겨 오일의 비타민 E 성분과 차조기로, 브랜드 이름인 탄도 쌀겨의 태국어인 '탄야Thanya'에서 유래했다. 페이셜 케어 제품부터 보디 케어, 아로마 오일, 향초 등 다양한 제품을 판매한다.

Oil-Free Facial Sunscreen SPF30/PA+++

40g 1000B

시소(차조기) 추출물이 함유되어 있으며 백탁 현상, 끈적임, 피부 자극이 없는 제품

Detoxifying Clay Mask

100g 1200B

쌀겨 오일, 오이, 장미 추출물이 함유된 워시 오프 진흙 마스크

Rice Extract Moisturizing Cream

80g 1200B

비면포성 제품으로 여드름 피부에도 부담 없이 바를 수 있는 수분 크림

Aromatic Wood Aromatherapy Shower Gel

320ml 650B

촘촘하면서도 풍부한 거품이 나는 젤 타입의 보디 워시로 상쾌한 향이 매력적인 제품

Oriental Essence Bath & Massage Oil

295ml 990B

레몬 계열의 상큼하고 싱그러운 향의 끈적임 없는 오일

디오라 랑수언 Diora Lang Suan

랑수언 대로변에 있지만 막상 들어가면 조용하고 평화로운 분위기다. 오일 마사지를 받을 경우 샤워 시설이 있는 방으로 안내하는데 오일이 끈적거리지 않고 흡수가 잘 되어 샤워를 하지 않아도 찝찝하지 않다. 모든 고객에게 바로 사용할 수 있는 200B의 바우처를 제공해 디오라 제품을 구매할 경우 유용하다. 천연 비누, 보디 제품, 목과 어깨에 두르기 좋은 허브 찜질 팩 등이 있다.

📍 BTS 칫롬Chit Lom역 4번 출구에서 도보 6분

🏠 Langsuan Soi 36

🕐 09:00~24:00

THB 발 마사지(스크럽 포함) 1시간 650B, 타이 마사지 1시간 30분 900B, 아로마 오일 마사지 1시간 1200B

@ www.dioralangsuan.com

리트리트 온 비타유 Retreat on Vitayu

가성비 좋은 스파 숍으로 깔끔한 인테리어는 물론 친절한 서비스가 돋보이는 곳이다. 안에는 브런치로 유명한 카페인 브룩클린 베이커Brooklyn Baker도 있다. 룸피니 공원 근처에 있는 비타유는 MRT와 BTS 역에서 걸어가기에는 부담스러워 택시로 가는 것이 좋으니 교통 체증이 심한 시간은 피해서 예약하자. 카카오톡(ID : vitayuspa)으로도 예약을 받는다.

📍 BTS 플런칫Phloen Chit역에서 택시로 6~10분 / MRT 룸피니Lumphini역에서 도보 12~15분

🏠 51/7 Witthayu Road, Polo Soi 3

🕐 매일 11:00~22:00

THB 아로마 테라피 포시즌스 펄 오일 마사지 1시간 1100B, 타이 마사지+등 오일 마사지 90분 900B

@ www.vitayuretreat.com

반 싸바이 스파 Baan Sabai Spa

나무와 화분으로 둘러싸인 입구를 지나면 건물 안으로 들어가는 유리문이 나오는데 밖에서 신발을 벗고 슬리퍼를 신은 후 들어가면 된다. 나무 바닥과 화이트 색상으로 꾸민 실내가 쾌적하다. 시설과 마사지 만족도, 가격 모두 괜찮은 곳을 찾는다면 이곳을 추천한다. 홈페이지는 물론 카카오톡(ID : baansabaispa)으로도 예약할 수 있다.

📍 BTS 프럼퐁역에서 도보 10~12분

🏠 Sukhumvit Soi 26

🕐 매일 10:00~22:00

THB 타이 마사지 2시간 800B, 아로마 테라피 마사지 1시간 900B, 오일 마사지 1시간 1000~1300B

@ baansabaispa.com

핌말라이 스파 Pimmalai Spa

BTS 언눗역에서 조금만 걸어가면 세모난 지붕의 목조건물이 눈에 띈다. 현지인도 많이 찾는 곳으로 운이 좋다면 바로 마사지를 받을 수 있지만 그렇지 않은 경우 1시간 이상 기다려야 한다. 리셉션에 영어를 유창하게 하는 분이 있어 상담하기에도 편하며 강도가 센 마사지를 받아도 아프다기보다는 시원한 느낌이 드는 곳이다. 이메일로 예약을 받으며 당일이나 하루 전에 예약할 경우에는 전화를 해야 한다.

📍 BTS 언눗On Nut역 4번 출구에서 도보 2~3분

🏠 83 Sukhumvit Rd

🕐 월~목요일 09:30~22:00, 금~일요일 09:30~22:30

THB 타이 마사지 2시간 500B, 발 마사지 1시간 350B, 허브 볼 마사지 2시간 700B

@ www.pimmalai.com

헬스 랜션 Health Land

가성비 좋은 무난한 마사지 숍으로 단체 여행객도 많이 찾는 곳이다.

지점 8개

THB 타이 마사지 2시간 600B, 아로마 테라피 마사지 2시간 1300B

@ healthlandspa.com/en/home

아시아 허브 어소시에이션 Asia Herb Association

고급 마사지 숍에 속하는 곳으로 허브 볼을 이용한 마사지가 특히 유명하다.

지점 5개

THB 타이 마사지 1시간 600B, 오일 마사지 1시간 1000B

@ asiaherbassociation.com

렛츠 릴렉스 Let's Relax

무엇보다 지점이 많고 가격도 적당하며 깔끔한 시설을 갖추고 있어 인기가 많다.

지점 18개

THB 타이 마사지 2시간 1000B, 아로마 테라피 오일 마사지 1시간 1200B

@ letsrelaxspa.com

렉 마사지 Lek Massage

부담 없는 가격으로 헤드 & 숄더 마사지나 다리 마사지 등 가볍게 마사지를 받기에 좋다.

지점 11개

THB 헤드 & 숄더 마사지 1시간 350B, 발 마사지 1시간+헤드 & 숄더 마사지 30분 500B

@ lekmassagebangkok.com

TIP

- 마사지는 테라피스트의 능력에 달려 있으므로 같은 숍에서 받아도 만족도가 다르다. 가격과 만족도가 비례하는 건 아니니 취향과 예산에 맞게 선택하도록 하자.
- 저렴한 숍에서는 오일 마사지보다 발이나 어깨 등 특정 부위 마사지를 받는 것을 추천한다.
- 마사지 받는 것을 좋아한다면 타이 마사지와 오일 마사지를 번갈아가면서 받는 것이 더 효과적이다.
- 마사지를 받기 전에 절대 과식하지 말자. 약간 허기진 상태에서 받거나 가볍게 먹고 가는 것이 좋다.
- 마사지 체크리스트가 없는 곳에서 마사지를 받는 경우 불편한 곳이 있다면 미리 테라피스트에게 알려주자.
- 아로마 테라피나 오일 마사지를 받을 때는 옷을 모두 벗고 숍에서 제공하는 일회용 속옷을 입어야 한다.
- 고급 마사지를 예약한 경우에는 예약 시간 15~20분 전에 도착해 상담을 받고 진행하는 경우가 대부분이니 참고하자.
- 마사지 팁은 금액의 10~20% 정도 주는 것이 적당하다. 꼭 줘야 하는 것은 아니지만 팁 문화가 있는 태국에서는 주는 것이 예의다. 봉사료가 포함된 곳은 따로 주지 않아도 된다.

세게 해주세요.
낙낙너-이 크랍 หนัก ๆ หน่อยครับ / 낙낙너-이 카 หนัก ๆ หน่อยค่ะ
'낙หนัก'은 '세다'라는 뜻이고 '~너-이'는 '~해주세요'라는 뜻이다.

살살/약하게 해주세요.
바오바오너-이 크랍 เบา ๆ หน่อยครับ
낙낙너-이 카 เบา ๆ หน่อยครับ
'바오เบา'는 '살살, 약하게'라는 뜻이다.

- ๆ 기호는 2번 반복해서 말하라는 뜻이다.

아파요
크랍 เจ็บครับ / 카 เจ็บค่ะ
화자가 남성인 경우 크랍, 여성인 경우 카를 붙인다. 캅은 크랍을 빨리 발음해서 그렇게 들리는 것이다.

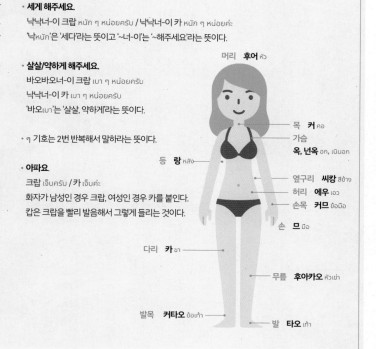

머리 후어 หัว
목 커 คอ
가슴
옥, 넌옥 อก, เนินอก
등 랑 หลัง
옆구리 씨캉 ชี่ข้าง
허리 에우 เอว
손목 커므 ข้อมือ
손 므 มือ
다리 카 ขา
무릎 후아카오 หัวเข่า
발목 커타오 ข้อเท้า
발 타오 เท้า

5 GREAT BANGKOK MARKETS

안 가면 후회할 다채로운 방콕의 시장

외국 여행에서 재래시장을 방문해보는 것은 현지인의 일상을 엿볼 수 있고 음식과 쇼핑을 저렴하게 마음껏 즐길 수 있다는 점에서 관광객에게 큰 즐거움을 준다.
여기에 플러스로 대규모 재래시장과 야시장 그리고 흔히 볼 수 없는 수상 시장까지 방콕의 시장들은 각각의 매력을 지니고 있어 관광객을 매료시킨다.

짜뚜짝 주말 시장 Chatuchak Weekend Market

방콕 쇼핑 스폿에서 빼놓을 수 없는 곳으로 방콕 내에서 가장 큰 규모를 자랑하는 주말 시장이다. 13만 2000m²에 이르는 부지에는 27개 섹션으로 나뉘어 1만 5000개의 상점이 빼곡히 들어서 있으며 의류, 액세서리, 스파 용품, 인테리어 소품, 골동품, 중고 서적 등 다양한 상품을 판매한다. 대부분의 상점이 문을 여는 10시부터 12시 이전에 방문하는 것이 그나마 더위를 피할 수 있다. 부지가 워낙 넓으니 인포메이션에서 지도를 먼저 받고 다니도록 하자.

📍 BTS 머칫Mo Chit역 1번 출구에서 도보 5분 / MRT 깜팽펫Kamphaeng Phet 역 2번 출구에서 도보 1분

🏠 Kamphaeng Phet 2 Road

🕐 토~일요일 06:00-18:00, 월~금요일 휴무

TIP

잠시 더위를 피하기 좋은 실내 마켓

JJ Mall | 짜뚜짝 시장보다 종류가 다양하지 않아 쇼핑할 만한 품목은 적으나 깔끔한 푸드 코트가 있다.

JJ Plaza | 인테리어 소품, 공예품, 가구, 의류 등을 파는 숍이 즐비하게 늘어선 곳으로 A, B, C 구역으로 나뉜다.

Mixt Chatuchak | 2019년 9월 초에 오픈한 쇼핑몰로 다양한 숍, 푸드 코트, 여러 식당과 먹거리 가판대가 들어서 있다.

액세서리, 서적, 골동품
수공예품, 서적, 잡화
골동품, 장식품
의류, 액세서리, 신발
의류, 실크
식기류, 세라믹 제품, 은 제품, 장식품
의류(10대)

의류, 가죽 제품, 건조식품
엽서, 기념품, 애완 용품
수공예품, 인조 꽃
구제, 신발
조각품, 스파 제품, 인센스 제품
그림, 공예품
잡화

매끌렁 기찻길 시장
Maeklong Railway Market

시장 사이로 아슬아슬하면서도 느릿하게 기차가 다니는 모습 때문에 '위험한 시장'으로 더 유명한 재래시장이다. 기찻길에 딱 붙어서 심지어 선로 위까지 좌판을 벌여놓고 장사를 하다가, 시장 인근의 매끌렁 기차역에서 출·도착하는 기차가 지날 때마다 좌판을 일사분란하게 치우는 진기한 모습을 볼 수 있다. 기차 시간에 잘 맞추면 매끌렁 시장의 묘미를 맛볼 수 있다.

매끌렁역 출발 : 06:20 / 09:00 / 11:30 / 15:30
매끌렁역 도착 : 08:30 / 11:10 / 14:30 / 17:40
(• 현지 사정에 따라 기차가 운행하지 않는 경우도 종종 있다.)

📍
1   BTS 머칫Mo Chit역 또는 MRT 깜팽펫 Kamphaeng Phet역에서 택시 이용 → 롯뚜(미니밴) 전용 터미널로 이동 → 매끌렁 시장행 롯뚜 이용(약 90분 소요)
2   MRT 깜팽펫 1번 출구에서 시내버스 9, 138, 145, 509번 이용
    * 시내버스 이용 시 건너편에 있는 대형 버스 전용의 머칫 버스 터미널에서 내리게 됨. 롯뚜 전용 터미널까지 도보 5분
🏠 545/3 Mueang Samut Songkhram District
🕐 08:00-19:00

딸랏 롯빠이 2
Talat Rot Fai 2 Night Market

방콕을 대표하는 롯빠이 야시장의 2호점으로 2015년 도심에서 접근하기 편리한 랏차다피쎅에 오픈했다. 다양한 먹거리, 의류, 신발, 잡화, 네일 숍 등의 노점이 가득하다. 피크 타임인 7~8시에는 엄청난 인파에 떠밀려 다닐 각오를 해야 한다. 어두워질수록 알록달록한 천막이 더욱 환하게 반짝이는 야시장의 베스트 숏은 쇼핑몰 에스플라나드Esplanade 주차장 건물 4~5층에서 찍을 수 있다.

📍 MRT 태국 문화센터Thailand Cultural Centre역 3번 출구에서 에스플라나드 쇼핑몰 안으로 들어가 후문으로 나오면 바로 있음
🏠 Ratchadaphisek Road
🕐 화~토요일 17:00-01:00, 일요일 17:00-24:00, 월요일 휴무

담넌 싸두악 수상 시장
Damnoen Saduak Floating Market

방콕 주변 수상 시장 중 최대 규모로 이곳에서는 배를 타고 수로 양옆의 상점을 지나며 물건을 구경하거나 열대 과일이나 국수 같은 먹거리를 실은 배가 보이면 군것질거리도 살 수 있다. 이때 흥정은 필수! 보통 이용하는 배에는 차양이 없으므로 해를 가려줄 모자, 긴소매 옷을 착용하는 것이 좋다.

📍 남부 버스 터미널에서 담넌 싸두악행 버스 이용(매일 운행, 약 2시간)

🏠 Damnoen Saduak

🕐 07:00~17:00

암파와 수상 시장
Amphawa Floating Market

관광객보다는 현지인이 더 애용하는 수상 시장으로 주말에만 열리기 때문에 인파로 붐빈다. 배를 타고 수로를 따라 시장 구경을 하거나 지상 골목골목의 상점과 음식점을 찾아다니는 재미가 있다. 물건을 싣고 수로에 떠 있는 배들은 담넌 싸두악처럼 이동하지 않고 한자리에 머물러 있기 때문에 오히려 손님이 찾아다녀야 한다는 점이 특이하다.

📍 남부 버스 터미널에서 암파와행 롯뚜(미니밴) 이용(약 60분)

🕐 금~일요일 14:00-20:00, 월~목요일 휴무

TIP

담넌 싸두악 수상 시장과 암파와 수상 시장은 도심에서의 이동 시간이 길기 때문에 현지 여행사의 1일 혹은 반나절 투어를 이용하는 것이 편리하다.

THE ROYAL PROJECT OF THAILAND

왕실 주도 프로그램, 로열 프로젝트

1969년에 설립된 태국 왕실의 산업 장려 프로그램이다. 빈곤, 삼림 벌채, 아편 생산 근절 등을 위해 왕실 재산을 농업과 지역 개발에 투자하면서 대체 작물을 기르기 시작했다. 인도주의가 본바탕이 된 프로젝트는 외진 지역에 사는 태국 자국민이 자급자족할 수 있도록 도와준 성공 사례다. 일본의 OVOP(One Village One Product) 프로그램에서 영감을 얻어 OTOP(One Tambon One Product)를 진행하고 있다. 땀본Tambon은 태국의 행정단위로 우리나라 '면' 정도에 해당된다. OTOP 제품으로는 수공예품, 실크, 면, 도자기, 액세서리, 생활용품, 농산품, 특산품 등이 있으며 각 지역마다 특성 있는 제품을 만든다

✦ 어디에서 사야 할까 ✦

로열 프로젝트 숍 Royal Project Shop

짜뚜짝 주말 시장과 인접해 있는 오또꼬 시장Or Tor Kor Market 안에 있다. 커피, 유기농 제품, 꿀, 스낵, 의류, 비누, 말린 과일, 차, 수공예품 등을 판매하며 쑤완나품 공항에서도 만날 수 있다. 짜뚜짝 시장에 갈 경우 같이 둘러보면서 선물용 꿀, 차 등을 구입해도 좋다.

TIP

오또꼬 시장

매일 오픈하는 상설 시장으로 MRT 깜팽펫Kamphaeng Phet역에서 하차해 3번 출구로 나가면 바로 있다. 물건보다는 과일, 채소, 곡물, 반찬, 육류, 해산물, 말린 과일, 향신료 등을 주로 판매하며 일반 재래시장에 비해 깔끔하다.

OTOP 제품 판매 매장

방콕 쇼핑몰 센트럴 앰버시Central Embassy에 있는 딸랏 잇타이Talad Eathai 슈퍼마켓에서 다양한 OTOP 제품을 판매한다. 딸랏 잇타이는 탑스 마켓에서 운영하는 곳으로 선물, 기념품을 사기에도 그만이다. 태국 전역에서 온 고급 수공 예품이 궁금하다면 센트럴 앰버스 4층에 있는 OTOP Heritage 매장으로 가자. 가방, 의류, 장식품 등 장인들이 만든 정성 어린 제품이 모여 있다.

WHAT TO BUY IN BANGKOK

유일하거나 더 저렴하거나! 방콕에서 구입하면 이득인 제품

그 나라에 가야만 살 수 있는 제품이 있는가 하면 같은 제품이더라도 다른 여행지에서 좀 더 저렴하게 구입할 수 있는 아이템이 있다. 짐 톰슨은 태국 대표 실크 브랜드이며 와코루는 우리나라보다 저렴하게 구입할 수 있어 인기다. 플레이웍스는 치앙마이를 대표하는 상징적인 브랜드로 흔하지 않은 기념품을 살 수 있다.

짐 톰슨 Jim Thompson

부모님에게 드릴 특별한 선물을 찾는다면 짐 톰슨이 제격. 싸얌 파라곤, 엠포리움, 센트럴 월드, 아이콘싸얌, 쑤완나품 공항 등 약 36개 매장이 있으니 여행 동선과 가까운 곳으로 가면 된다. 짐 톰슨 지점 중 규모가 가장 큰 곳은 룸피니 공원 근처의 쑤라웡 Surawong 지점이다. 좀 더 할인된 제품을 구입하고 싶다면 BTS 방짝Bang Chak역 근처에 있는 아웃렛 매장(매일 09:00-18:00)을 고려해보자. 방짝역에서 내려 5번 출구로 나가면 도보 5분 정도 걸린다.

📍 **쑤라웡 지점** BTS 쌀라댕Sala Daeng역에서 도보 5분
🕐 **쑤라웡 지점** 매일 09:00-21:00
@ www.jimthompson.com

반모완 Baan Mowaan

역사 깊은 약국으로 100년이 넘은 콜로니얼 스타일의 건물은 태국 문화유산으로 지정된 곳이다. 이곳에서 4대에 걸쳐 전해 내려오는 약 제조법대로 만든 태국 전통 약을 구입할 수 있다. 약용 오일, 밤Balm을 비롯해 두통 완화, 속 쓰림, 구토, 피로 해소 등 각 증상에 따라 좋은 야험(Ya Hom, 향이 좋은 약)은 4가지 종류로 나뉜다. 야험은 환약 형태이며 4종류를 세트로 묶어서 판매하기도 한다. 방콕 시내 여러 쇼핑몰에서도 만날 수 있다. 자세한 정보는 홈페이지 참고.

📍 MRT 쌈엿Sam Yot역에서 도보 10~12분
🕐 매일 09:00-17:00
@ mowaan.com

와코루 Wacoal

와코루는 싸얌 파라곤, 로빈슨, 터미널 21 등 큰 쇼핑몰이나 백화점에 대부분 입점해 있다. 태국에 와코루 공장이 있어서 우리나라보다 평균 1/3 가격으로 살 수 있어 쇼핑 필수템으로 꼽는다. 직원이 사이즈를 측정해주며 입어 볼 수도 있다. 한국에서 입는 사이즈로 그냥 구입했다가 낭패를 보는 경우가 많으니 정확히 확인하고 구입하자.

📍 BTS 싸얌Siam역에서 내려 싸얌 파라곤 3층으로 이동
🕐 매일 10:00-22:00

플레이웍스 Playworks

태국 북부 지방과 이곳에 사는 고산족, 그리고 태국과 치앙마이의 문화, 역사 등이 여러 작가의 손을 통해 다양한 제품에 녹아 있다. 아기자기한 동전 지갑, 개성 넘치는 에코백 등을 보면 결정 장애가 올 정도로 탐나는 아이템이 한두 개가 아니다. 플레이웍스 제품은 수공 70%, 기계의 힘이 30% 더해져 만들어지며 가격도 착한 편이라 더욱 좋다.

📍 방콕 센트럴 월드 플라자 5층 C존에 위치, BTS 싸얌Siam역과 칫롬Chit Lom역 사이에 있으며 두 역에서 스카이워크로 연결
🕐 월~금요일 11:00-21:30, 토~일요일 10:00-21:30

BANGKOK COOKING CLASS

내 손으로 만드는 태국 요리, 쉽고 맛있는 쿠킹 클래스

미식의 천국 태국에서 한 번쯤 직접 요리한 음식을 먹어보는 경험은 특별하다. 쿠킹 클래스 업체가 많은데 진행하는 곳마다 특색이 다르고 비용도 1000~2000B이다. 수업은 영어로 진행하지만 셰프가 시키는 대로 따라만 하면 되기 때문에 크게 부담을 느낄 필요는 없다. 하우스 오브 테이스트 쿠킹 클래스 외에도 솜퐁 타이, 씨롬 타이 등이 있으니 여행 기간 중 좋아하는 태국 음식을 진행하는 업체가 있다면 선정하자.

하우스 오브 테이스트 House of Taste

에어컨이 구비된 깔끔한 공간에서 쿠킹 클래스를 진행하며 2개 지점이 있다. 가장 많이 신청하는 프로그램은 요일별로 만드는 메뉴가 조금씩 다른 조인드 클래스Joined Class. 단, 팟타이와 디저트는 모든 요일에 배울 수 있으니 시간대와 특별히 배우고 싶은 메뉴가 있는 요일을 선택하면 된다. 조인드 클래스 1인 가격은 1200B, 홈페이지에서 직접 예약할 수 있다. 클래스가 끝난 후 배운 요리 레시피를 메일로 보내주므로 재료를 구입해 오면 한국에 돌아와서도 만들어볼 수 있다.

✦ 일반 쿠킹 클래스 ✦

1 시장 보기

2 쿠킹 클래스 장소로 이동

3 첫 번째 요리 만들기 (팟타이)

4 두 번째 요리 만들기 (쏨땀)

5 세 번째 요리 만들기 (레드커리)

6 디저트 만들기 (망고라이스)

조인드 클래스 시간

오전 08:30-12:00
오후 13:00-16:30
저녁 17:30-19:00

쑤쿰윗 지점 주소
318/32, Sukhumvit Soi 22

씨롬 지점 주소
52/22 Pan Road
@ www.houseoftastecooking.com

솜퐁 타이 쿠킹 스쿨
Sompong Thai Cooking School

오전과 오후 클래스가 있으며 오전에는 시장 투어가 포함되어 있다. 음식 재료와 향신료에 대해 소개한 후 요리를 시작하며 기본 재료는 손질되어 있어 어렵지 않게 따라 할 수 있다. 미팅 장소는 BTS 청논씨Chong Nonsi역이고 우리나라에서도 다양한 루트로 예약할 수 있으며 1인 3만~3만 5000원 선이다. 인스타그램 계정은 영문 이름 그대로 치면 나오니 참고하자.

씨롬 타이 쿠킹 스쿨
Silom Thai Cooking School

오전, 오후, 저녁 클래스가 있으며 가격은 1인 1000B이다. 우리나라에서 예약할 경우 '씨롬' 대신 '실롬' 타이 쿠킹으로 검색하면 된다. 홈페이지에서 직접 예약한다면 수업 후에 현금(1인 1000B)으로 지불해야 한다.

@ www.bangkokthaicooking.com

블루 엘리펀트 Blue Elephant

태국 내에서도 왕실 요리로 유명한 블루 엘리펀트 레스토랑에서 운영하는 쿠킹 스쿨로 방콕과 푸켓에 있다. 레스토랑은 파리, 몰타, 브뤼셀, 코펜하겐에도 진출해 있으며 요리 키트, 소스를 비롯해 도자기 등의 제품도 판매한다. 쿠킹 스쿨 가격은 요리 가짓수에 따라 다르며 종류가 많으니 홈페이지를 참고하자.

◆ 고급 쿠킹 클래스 ◆

1 레스토랑으로 이동

2 강사의 요리 시범과 요리법 소개

3 첫 번째 요리 실습 (바나나 잎에 싼 농어)

4 두 번째 요리 실습 (고기 볶음)

5 세 번째 요리 실습 (게살 커리)

6 네 번째 요리 실습 (포멜로 샐러드)

7 수료증 증정

8 실습한 요리로 식사

THB 오전 클래스 4개 요리, 3296B (시장 투어 포함) /
오후 클래스 4개 요리, 2943B / 반나절 클래스
8개 요리, 5885B

@ www.blueelephant.com

BANGKOK THEME TOURS

먹방? 힐링? 컬처? 취향 따라 고르는 다양한 투어

계획을 아무리 꼼꼼히 세워도 뜻대로 되지 않는 게 여행이다. 원하는 모든 것을 보거나 먹거나 할 수 없는 일. 여행 기간이 짧다면 투어를 통해 시간을 효율적으로 사용하는 것이 좋다. 수십 가지에 이르는 다양한 투어 중 좀 더 특별한 경험을 하고 싶다면 아래 소개하는 투어를 눈여겨보자.

뚝뚝 타고 즐기는 야식의 맛

좁은 골목을 누비며 달리는 뚝뚝을 타고 로컬 식당에서 즐기는 먹방 투어. 태국의 명물인 뚝뚝은 미터기가 없어 흥정을 하고 타야 하기 때문에 관광객은 바가지를 쓰기 십상이다. 4시간 동안 요금 걱정 없이 7가지 음식을 먹으며 방콕의 밤을 신나게 보낼 수 있다. 걸어야 하는 구간이 있으니 편한 신발을 신고 나서자.

📍 **투어 미팅 장소** MRT 쌈얀Sam Yan역
🕐 **투어 시간** 18:30-22:30 / 19:00-23:00 / 19:30-23:30 / 20:00-24:00
@ www.bangkokfoodtours.com/tours
THB 성인 2050B, 어린이 1550B

에메랄드 빛 폭포와 허브 온천이 주는 힐링 ASIA PASS TOUR

선녀가 멱을 감으러 내려올 것 같은 에라완 폭포는 하늘색과 에메랄드 빛의 신비로운 물색을 띤다. 폭포는 총 7계단으로 되어 있는데 투어로 갈 경우 개인차가 있겠지만 시간과 체력 부족으로 보통 3~4계단까지 올라간다. 발을 담그면 큰 닥터 피시가 각질을 뜯어 먹으러 몰려든다. 물론 수영도 할 수 있다. 점심 식사를 한 후 록 밸리 허브 온천장으로 이동하는데 풍부한 미네랄이 함유된 온천수는 피부에 좋아 인기가 많다.

- 📍 **투어 미팅 장소** 숙박 호텔 로비
- 🕐 **투어 시간** 06:30 미팅, 20:00 투어 종료 후 숙소 및 방콕 시내 원하는 장소로 귀환
- THB 2인 단독 출발(성인 1인 2700B, 어린이 1인 2500B) / 3인 단독 출발(성인 1인 2200B, 어린이 1인 2000B)

TIP

투어 시 유의 사항

- 에라완 폭포에서 물놀이를 할 경우 수영복, 수건, 생수, 아쿠아 슈즈 등을 준비해야 한다. 미리 숙소에서 수영복이나 래시 가드를 입고 가도 좋다.
- 에라완의 2계단 폭포부터는 음식물과 음료 반입이 금지된다. 생수병은 보증금(20B)을 내고 가지고 들어갈 수 있으며 내려올 때 돌려받을 수 있다.
- 에라완 국립공원 입장료는 불포함으로 성인 300B, 7~14세는 200B, 6세 이하는 무료다.

핵심만 쏙쏙 골라 즐기는 칸차나부리 여행

ASIA PASS TOUR

아카데미 7개 부분을 석권한 영화 '콰이강의 다리'로 더 유명해진 칸차나부리는 방콕 근교 여행지로 각광받는 곳이다. 힐링, 역사, 문화를 모두 경험할 수 있는 투어로 남녀노소 모두에게 높은 만족도를 선사한다. 제2차 세계대전의 상흔이 남아 있는 죽음의 철도를 타고 달리다 보면 어느새 마음 한 켠이 먹먹해져 온다. 이른 아침부터 저녁까지 일정이 빡빡하긴 하지만 하루를 알차게 보낼 수 있다.

- 📍 **투어 미팅 장소** 숙박 호텔 로비
- 🕐 **투어 시간** 07:00 미팅, 17:00 투어 종료 후 숙소 및 방콕 시내 원하는 장소로 귀환
- THB 2인 단독 출발(성인과 어린이 모두 1인 2500B) / 3인 단독 출발(성인과 어린이 모두 1인 2000B)

하루의 반은 자유롭고 싶다!
반나절 투어 활용하기

왕궁이나 수상 시장, 아유타야 선셋, 야시장 등 자유롭게 둘러보기에 부담스러운 관광지를 반나절 동안 볼 수 있는 다양한 투어가 있다. 스테디셀러인 왕궁, 왓 프라깨우, 왓 아룬을 둘러보는 투어와 수상 시장 1곳 또는 2곳을 묶은 상품이다. 부담스럽지 않은 가격으로 인기가 많으며 그만큼 업체, 가격, 만족도가 모두 다르니 꼼꼼히 비교하고 예약하자.

📍 **투어 미팅 장소** 업체마다 다름
🕐 **투어 시간** 오전 혹은 오후
THB 투어 종류에 따라 1인 700~1400B

> **TIP**
>
> ### 아시아패스 Asia Pass 투어 활용하기
>
> 아시아패스 사이트에서 투어 예약 후 투어 당일 현지 기사에게 책에 실린 쿠폰을 제출하면 현장에서 일부 금액을 환급해준다. 투어는 최소 2인부터 예약할 수 있으며 환급은 팀당 최대 2인까지 받을 수 있으니 참고하자. 쿠폰 125p 수록.
>
> **1** 에라완 국립공원+록 밸리 허브 온천 : 2인 300B 환급
> **2** 아유타야 원데이 투어 : 2인 200B 환급
> **3** 칸차나부리+에라완 국립공원 투어 : 2인 200B 환급
> @ asiapass.co.kr

화려했던 태국의 옛 수도, 아유타야 탐방

ASIA PASS TOUR

'불멸'이라는 뜻을 품고 있는 아유타야는 1350년 우텅 Uthong 왕이 건설한 태국의 고대 수도다. 약 400년 동안 유지된 왕국으로 왕들의 별장으로 사용된 방파인 여름 별장을 비롯해 유일한 유럽 건축양식의 사원인 왓 니웨탐, 도시의 영적 중심지였던 왓 마하탓, 아유타야의 상징인 왓 프라시산펫 등을 둘러볼 수 있다. 아유타야 일일 투어는 종류도, 진행 업체도 다양하니 자신의 일정에 맞는 곳을 선택하면 된다.

📍 **투어 미팅 장소** 숙박 호텔 로비
🕐 **투어 시간** 08:30 미팅, 17:00 투어 종료 후 숙소 및 방콕 시내 원하는 장소로 귀환
THB 2인 단독 출발(성인과 어린이 모두 1인 2000B) / 3인 단독 출발(성인과 어린이 모두 1인 1700B)

AYUTTHAYA

아유타야

세계 문화유산으로 지정된 유적지로, 우텅 왕King
U-Thong이 1350년 아유타야를 세운 이후 1767년
버마 침공으로 함락되기까지 417년간 태국의 찬란한
역사를 꽃피운 곳이다. 아유타야는 서양인과 처음으
로 교역이 이루어진 곳으로 당시에는 '세계무역의 중
심지'라 칭송받기도 했다. 버마 침공 이후 현재는 옛 영
광을 뒤로한 채 쓸쓸한 문화 유적지로 남아 있지만, 역
사 유적에 관심이 많다면 방콕 여행의 필수 코스다. 차
로 1시간 남짓이면 갈 수 있는 방콕 북쪽에 있어서 당
일 코스로 다녀오기에 좋다.

📍 북부 터미널에서 아유타야행 버스 이용(매일 운
행, 약 1시간 10분)

TIP

BTS 머칫Mo Chit역에서 북부 터미널까지
는 도보로 25분 정도 소요된다. 역에서 터
미널까지 택시 이용을 추천한다. 도보 이
동할 경우 구글에서 'Mochit New Van
Terminal'이라고 검색하면 된다. 버스는
매일 자주 운행되며 정해진 시간이 아닌 좌
석이 다 채워지면 출발한다.

왓 프라 마하탓 Wat Phra Maha That

왓 프라시산펫Wat Phra Si Sangphet과 더불어 아유타야에서 꼭 가봐야 하는 사원이다. 14세기경 세워진 사원으로 버마 공격 당시 훼손되어 머리가 잘려 나간 불상, 잘려 나간 머리가 나무 뿌리에 감긴 불상 등이 화려했던 과거와 버마 침공 시의 참상을 가늠케 한다.

📍 타논 치 꾼Thanon Chee Kun과 타논 나레쑤언Thanon Naresuan의 교차로에 위치
🏠 Naresuan Rd
🕐 08:00-17:00
THB 50B

왓 랏차부라나 Wat Ratchaburana

아유타야 일대에서 가장 많은 유물이 발굴된 사원으로 아유타야의 7대 왕과 그의 동생 화장터 위에 만들어졌다. 왓 프라 마하탓과 마찬가지로 오랜 세월이 느껴지는 유적지로 사람이 많지 않아 조용히 산책을 즐기기에 좋다.

📍 왓 프라 마하탓 맞은편에 위치
🏠 Naresuan Rd
🕐 08:00-17:00
THB 50B

왓 프라시산펫 Wat Phra Si Sangphet

랏따나꼬신의 왓 프라깨우와 비교될 만큼 아유타야에서 중요한 사원으로 아유타야 시대 사원의 건축양식을 대표한다. 사원 내에는 거대한 쩨디(탑) 3개가 있는데, 170kg의 금을 입힌 16m 높이의 입불상이 있었던 곳이다. 아쉽게도 버마 침공 시 화재로 금이 다 녹아내려 지금은 볼 수 없다.

📍 왓 프라 마하탓에서 도보 15분
🏠 Pratu Chai Sub-district
🕐 08:00-18:00
THB 50B

왓 몽콘 보핏 Wat Mongkhon Bophit

태국에서 가장 큰 청동 불상인 프라 몽콘 보핏이 모셔져 있는 사원으로 왓 프라시산펫에서 도보 5분 거리에 있다. 1767년 버마 침공 시 완전히 파손되었다가 1956년 원래 모습으로 복구되었다.

📍 왓 프라시산펫에서 도보 5분
🏠 Kamphaeng Phet 2 Road
🕐 토~일요일 06:00-18:00, 월~금요일 휴무
THB 무료

왓 프라 람 Wat Phra Ram

라메쑤안 왕이 아버지인 우텅 왕의 화장을 거행하기 위해 만든 사원으로, 프라 람 호수 근처에 자리해 프라 람 사원으로 이름 지었다고 전해진다.

📍 왓 프라 마하탓에서 도보 10분
🏠 Pratu Chai Sub-district
🕐 08:00-17:00
THB 30B

왓 차이 왓타나람 Wat Chai Watthanaram

1630년 프라쌋텅 왕King Prasat Thong이 어머니를 위해 세운 사원으로 아유타야 역사 공원 서쪽, 짜오프라야 강 건너에 있다. 사원 중앙에 커다란 쩨디가 있고 그 주위로 8개의 작은 쩨디가 있는데, 앙코르와트를 모델로 건축했다고 한다. 지금의 모습은 1980년대에 복원된 것이다.

📍 왓 프라 람에서 뚝뚝으로 10분
🏠 Ban Pom
🕐 08:00-18:30
THB 50B

왓 야이 차이몽콘 Wat Yai Chaimongkhon

아유타야를 건설한 우텅 왕이 1357년 스리랑카 유학에서 돌아온 승려들의 명상을 위해 세운 사원이다. 7m 길이의 와불상과 1953년 버마와의 전쟁에서 승리한 기념으로 세운 스리랑카 양식의 72m 높이의 거대한 쩨디로 유명하다. 역사 공원 외곽에 있는 사원이지만 많은 관광객이 찾고 있다.

📍 아유타야 버스터미널, 아유타야 기차역에서 뚝뚝으로 10~15분
🏠 Phai Ling
🕐 08:00-17:00
THB 20B

BANGKOK HOTELS

✦ Luxury Hotels ✦

Mandarin Oriental Bangkok ★★★★★

1876년 오픈 이래, 태국을 대표하는 럭셔리 호텔로 자리 잡은 만다린. 객실마다 버틀러 서비스를 시행하고 있어 투숙객을 위한 섬세한 서비스가 세계 레벨이라고 알려져 있다. 대부분의 객실에서는 방콕 시내에 흐르는 짜오프라야 강이 보이는 리버 뷰를 자랑한다. 태국의 전통과 유행이 융합된 엘레강스하고 화려한 객실과 마사지, 트리트먼트를 제공하는 Oriental Spa, 프랑스 고급 레스토랑 Le Normandie 등 최고급 부대시설에서 여유롭고 조금은 사치스러운 시간을 보낼 수 있다.

🏠 48 Oriental Ave
☎ +66 2 659 9000
@ mandarinoriental.com
THB 2인 기준 1만 3150B~

Rosewood Bangkok ★★★★★

2019년 럭셔리 호텔 체인 로즈우드가 방콕에 오픈했다. 태국 전통 인사법에서 고안한 디자인의 30층 건물 외벽에는 10층 규모의 워터월을 조성해 럭셔리한 분위기를 자아낸다. 일반 객실부터 수영장이 구비된 최고급 하우스까지 총 159개의 객실이 자리 잡고 있다. 화려하지만 심플하고 깔끔한 인테리어의 객실에 들어서면 하루의 피로가 싹 사라질 만큼 편안하다. 또한 싸얌 시내에 자리 잡고 있어 통유리창에서 바라보는 시티 뷰는 눈을 뗄 수 없게 한다.

🏠 1041 38 Phloen Chit Rd
☎ +66 2 080 0088
@ rosewoodhotels.com
THB 2인 기준 1만 1150B~

The Siam ★★★★★

방콕 럭셔리 호텔을 얘기한다면 더 싸얌 호텔을 빼놓을 수 없다. 규모는 작지만 고급스러운 인테리어는 들어서는 순간 마음을 사로잡을 것이다. 일반 객실도 스위트 룸으로 고급스러움은 기본, 최상의 편안함까지 추구한다. 그리고 이곳에서 숙박하는 이유 중 하나인 리버 뷰의 고급 풀빌라가 자리하고 있다. 더 싸얌은 방콕 시내와 떨어져 있지만 스파, 영화관, 도서관, 짐 등 내부 시설이 다양하게 있어 호텔 내에서만 하루를 보내도 전혀 지루하지 않다.

🏠 3 2 Khao Rd
☎ +66 2 206 6999
@ thesiamhotel.com
THB 2인 기준 1만 9500B~

Hotel Muse Bangkok Langsuan ★★★★★

태국의 전통 요소와 19세기 말 유럽의 화려한 문화가 만나 고풍스러움과 다양한 매력을 뽐내는 호텔이다. BTS 칫롬Chit Lom역이 도보 6분, 룸피니 공원이 도보 10분 거리에 있어 교통도 편리하다. 중후함과 세련미가 공존하는 객실은 소품 하나하나 세심하게 고른 흔적이 보인다. 호텔만큼이나 명성이 자자한 바와 레스토랑도 빼놓을 수 없다. 특히 24~25층에 있는 스피크이지 루프톱 바와 이탈리언 레스토랑 메디치 키친 & 바는 더 인기가 있어 트렌드 세터와 여행객으로 붐빈다.

🏠 55/555 Langsuan Road
☎ +66 2 630 4000
@ all.accor.com/hotel/7174/index.en.shtml
THB 2인 기준 4200B~

The Cabochon Hotel ★★★★

1920년대 상하이와 인도차이나 분위기를 물씬 풍기는 부티크 호텔이다. 카보숑은 프랑스어로 '둥글게 연마한 보석'이라는 뜻으로 호텔 이름처럼 어느 하나 허투루 넘길 수 없는 소품과 인테리어가 돋보인다. 6가지 타입의 객실이 있으며 제일 작은 사이즈가 약 46m² 정도다. 개인 대저택에 있는 듯한 안락함을 주며 인스타그래블한 사진을 찍을 수 있는 스폿이 많아 감성 여행을 계획하고 있다면 후보에 올려봐도 좋다.

🏠 14/29 Sukhumvit Soi 45
☎ +66 2 2859 2871
@ www.cabochonhotel.com
THB 2인 기준 5800B~

Ad Lib ★★★★

작은 숲속에 온 듯한 착각을 불러일으키는 디자인 호텔이다. 지구온난화로 해마다 점점 더워지는 방콕의 기온을 고려해, 보기만 해도 힐링이 되는 식물을 내부에 많이 심어 꾸몄다. 가지를 길게 늘어뜨린 커다란 고무나무는 원래 있던 것으로 호텔 분위기를 살리기 위해 일부러 심어놓은 듯 안성맞춤이다. 체크인 카운터는 따로 없으며 안으로 들어가 소파에 앉으면 직원이 체크인을 도와준다. 조식은 세미 뷔페식으로 차려지고 메인 요리와 사이드 메뉴를 주문하면 된다. 기본 객실은 작은 편이며 BTS 역에서 걸어가기에는 살짝 거리가 머니 호텔 전용 뚝뚝 서비스를 이용하자.

🏠 230/5 Sukhumvit Soi 1
☎ +66 2 205 7600
@ www.adlibbangkok.com
THB 2인 기준 4200B~

Siam Kempinski Hotel Bangkok ★★★★★

켐핀스키는 120년이 넘는 역사를 지닌 독일의 고급 호텔 체인으로 방콕 호텔은 싸암 파라곤 쇼핑몰과 연결되어 있다. 화려한 유럽풍 디자인으로 꾸며져 클래식하고 중후한 분위기를 자아내며 수영장을 건물과 정원이 감싸고 있어 도심 한가운데라는 것조차 잊게 해준다. 모던하면서도 럭셔리한 최신식 객실과 최고의 부대시설 등을 갖추고 있어 가족 여행은 물론 휴식, 쇼핑, 식도락 등 다양한 여행의 목적을 충족시켜준다. 5세까지는 무료로 엑스트라 베드를 제공한다.

🏠 991/9 Rama I Road
☎ +66 2 162 9000
@ www.kempinski.com/en/bangkok/siam-hotel
THB 2인 기준 8300B~

Conrad Bangkok ★★★★★

가족 여행객이 꾸준히 찾는 호텔로 힐튼 호텔 계열의 최고급 브랜드인 콘래드답게 고급스럽고 클래식한 분위기를 느낄 수 있다. 올 시즌스 플레이스All Seasons Place 쇼핑몰과 연결되어 있어 효율적인 쇼핑을 즐기기에도 좋다. 무엇보다 도심 속 휴식을 만끽할 수 있는 메인 풀과 키즈 풀, 야외 키즈 클럽 등은 이곳을 찾는 가장 큰 이유다. BTS 플런찟Phloen Chit역에서 호텔 무료 셔틀이 5~15분 간격으로 다니며 도보로 갈 경우 12~15분 걸린다.

🏠 87 Wireless Road
☎ +66 2 690 9999
@ conradhotels3.hilton.com/en/hotels/thailand/conrad-bangkok-BKKCICI/index.html
THB 2인 기준 5500B~

Anantara Riverside Bangkok Resort ★★★★★

짜오프라야 강변에 자리한 호텔로 조용히 호캉스를 즐기기에 그만이며 오리엔탈풍의 인테리어가 이국적인 분위기를 자아낸다. 풍성한 조식, 수심이 1.3~3m까지 있는 넓고 예쁜 수영장, 키즈 풀, 키즈 룸, 스파 시설 등이 마련되어 있다. 리버사이드 쇼핑몰이 있는 아바니 리버사이드 호텔과도 연결되어 있어 편하게 이동할 수 있다. 방콕 중심에서는 약간 떨어져 있지만 택시로 다니기에 큰 무리가 없으며 사톤 선착장에서 무료 셔틀을 이용할 수 있다.

🏠 257/1-3 Charoennakorn Road, Thonburi
☎ +66 2 476 0022
@ www.anantara.com/en/riverside-bangkok
THB 2인 기준 4100B~

Ama Hostel

차이나타운 근처 원단을 판매하는 시장 뒷골목에 있는 아마 호스텔. 오래된 중국식 원단 판매점이었던 3층 건물을 리모델링하여 도미토리 객실부터 욕실을 포함한 개별실까지 총 14개 객실을 갖추고 있는 호스텔로 변신했다. 각 층에는 봄, 여름, 비를 테마로 한 그린, 레드, 블루 컬러로 꾸며져 있다. 옥상에는 작은 풀과 오픈형 레스토랑이 있고, 1층 Ama Café에서는 무료 조식을 제공한다.

🏠 191 Soi Sapanhan Chakkrawat
☎ +66 2 221 0463
@ amahostel.com
THB 도미토리 1인 245B~

Oneday

총 120명을 수용할 수 있는 더블, 트윈, 도미토리 타입의 객실을 보유한 호스텔. 건축가인 오너가 직접 디자인한 원데이 호스텔은 객실, 로비, 공동 스페이스 등 모든 공간이 영화 세트처럼 멋진 인테리어가 매력적인 곳이다. 특히 공용 스페이스는 햇살이 비추어 기분 좋은 아침을 맞이하게 해준다. 호스텔에는 레스토랑, 바, 카페, 인테리어 숍이 있어 온종일 호스텔에서만 머물러도 전혀 지루하지 않다.

🏠 51 Sukhumvit 26 Alley
☎ +66 2 108 8855
@ onedaybkk.com
THB 도미토리 1인 370B~

The Yard Hostel

잔디와 나무로 둘러싸인 정원에 놓인 컨테이너 하우스인 이곳은 리사이클 건축 재료를 적극 활용한 친환경 호스텔이다. 객실은 햇빛이 잘 들고 청결함이 느껴진다. 정원에서는 음악 라이브와 요가, 요리 교실 등 숙박자 간의 교류가 활발히 이루어지며 편히 쉴 수 있는 공간도 마련되어 있다. 객실마다 태국어로 엄마, 아빠라고 쓰여 있을 정도로 숙박자에게 가족처럼 편안한 분위기를 제공한다.

🏠 51 Phahon Yothin 5
☎ +66 89 677 4050
@ theyardhostel.com
THB 도미토리 1인 495B~

내 마음대로 일정 짜기, 방콕 테마별 일정

BANGKOK TRAVEL
ITINERARY

방콕에서의 추천 일정은 어떤 면에서 큰 의미가 없다. 호텔, 볼거리, 먹거리, 마사지, 투어, 쿠킹 클래스 등 선택의 폭이 너무 많기 때문이다. 테마별로 나눈 추천 일정을 참고해 자신만의 여행을 계획하자.

FOCUS ON SHOPPING ·

1 ▷ 짜뚜짝 주말 시장

→ BTS 파야타이역

2 ▷ 팩토리 커피

→ BTS 싸얌역

3 ▷ 싸얌 파라곤 고메 마켓

→ 도보 혹은 택시

4 ▷ 호텔에서 잠시 휴식

→ 택시 혹은 그랩

5 ▷ 아시아티크

· 짜뚜짝 주말 시장은 토~일요일은 오전 9시부터 오픈하지만 대부분의 가게가 11시 전후로 문을 열기 때문에 너무 일찍 서두를 필요는 없다.

· 싸얌 파라곤에서 쇼핑한 후 다음 장소로 이동할 경우 짐이 많다면 싸얌 파라곤의 LOCK BOX에서 짐 배달 서비스를 이용해 호텔로 보내도 된다. 고메 마켓과 같은 층에 있어 편리하다.

· 쇼핑몰이나 백화점에서 쇼핑을 한다면 우선 인포메이션 센터에서 다양한 할인 혜택이 있는 투어리스트 카드를 발급받아 쇼핑하도록 하자.

TIP

우선순위에 따라 숙소 고르는 법

방콕뿐만 아니라 모든 여행을 계획하는 데 가장 중요한 것은 우선순위일 것이다. 볼거리 위주로 동선이 정해지는 유럽과는 달리 방콕에서는 비용, 호텔, 편의, 휴식 등이 관광지보다 우위가 될 수 있다. 자신이 중요하게 여기는 요소가 무엇인지 생각해서 숙소를 고른 후 나머지 동선을 짜도록 하자. 투어를 할 예정이면 먼저 예약한 후 여유 있게 일정을 잡아야 한다.

시간 낭비는 질색
효율적인 동선을 우선으로 한다면 BTS와 MRT 모두 있어 다니기 편리한 아쏙Asok역, 씨롬-싸톤Silom-Sathon역 근처가 무난하다.

늦은 밤까지 탕진잼
쇼핑몰, 백화점 등이 도보권에 있는 싸얌Siam역, 프럼퐁Phrom Phong역 근처에 숙소를 예약하면 후회하지 않는다.

내 지갑은 소중
가성비를 최우선으로 한다면 카오산 로드를 비롯한 주변 지역의 개성 넘치는 숙소를 추천한다.

여행은 자고로 감성
뭐니 뭐니 해도 분위기가 좋아야 한다면 짜오프라야 강변이나 텅러Thong Lo와 에까마이Ekkamai 지역을 고려하자.

FOCUS ON ATTRACTIONS

도보 10분

도보 4분

1 > 왓 프라깨우 & 왕궁

2 > 왓 포

3 > 띠안 선착장, 크로스 리버 페리(르아 캄팍)

· 왓 아룬부터 관광할 경우 왓 아룬 → 띠안 선착장 → 왓 포 → 왓 프라깨우 & 왕궁 → 카오산 로드를 둘러보는 것이 효율적이다.
· 자유 여행이 부담스럽다면 왕궁 투어나 왕궁이 포함된 다양한 투어를 적극 활용하는 것도 한 방법이다.

FOCUS ON SPA

도보 5분

그랩 혹은
택시

그랩 혹은
택시

1 > 반 싸바이 스파

2 > 카사 라팡 혹은 엠포리엄 푸드 홀

3 > 오아시스 스파(쑤쿰윗 51)

FOCUS ON CAFES

도보
6~8분

BTS
싸암역

BTS 텅러역
그랩 혹은 틱

1 > 짐 톰슨 하우스

2 > 갤러리 드립 커피 / 방콕 아트 앤 컬처 센
터 무료 관람

3 > 디바나 시그니처 카페 애프터눈 티

도보 1분   도보 1분

4 왓 아룬   5 투어리스트 보트   6 아이콘싸얌

• 왓 아룬에서 아이콘싸얌으로 갈 때 짜오프라야 수상 버스(오렌지 보트)를 타고 씨프라야Si Phraya 선착장에서 내려 아이콘싸얌 무료 셔틀 보트를 이용하는 방법도 있다.

• 마사지는 미리 예약하고 가야 다음 일정에 차질이 생기지 않는다.
• 마사지 팁은 금액의 10~20% 정도 주는 것이 적당하다.

4 싸얌 티 룸 저녁 식사

도보 20분

그랩 혹은
택시로 5분

4 더 커먼스   5 옥타브 루프톱 바 & 라운지

TIP

여권에 공식적인 입·출국 절차와 관계없는 기념 스탬프, 낙서 등이 있거나 훼손된 경우 외국 출입국 및 항공권 발권 등에 제한이 있을 수 있다. 특히 신원 정보란과 사증란은 깨끗하게 유지하자.

GETTING AROUND BANGKOK

방콕은 한마디로는 도저히 정의할 수 없는 매력, 아니 마력魔力을 가진 도시다. 각자의 스타일로 '방콕'을 어떻게 즐길 것인지 선택하고, 그 선택대로 오롯이 누리기에 부족함 없는 곳이랄까. 최고급이 아니어도 된다. 미각을 일깨워줄 소울 푸드를 길거리 음식에서, 가심비를 꽉 채워줄 휴식처를 의외의 숙소에서, 마음에 쏙 드는 물건을 상상하지 못한 곳에서 만날 수 있다. 누구나 당연하게 생각하는 가치의 선입견을 철저히 무너뜨리는 다양성은 방콕만이 가진 '매력점'이다. 오늘도 방콕은 난공불락의 도시답게 수많은 여행자를 온갖 모양으로 유혹하며 끌어들이고 있다.

RATANAKOSIN

랏따나꼬신

태국의 현 왕조인 짜끄리 왕조가 1782년 창건과 함께 수도를 방콕으로 옮기면서 지은 화려한 사원,
궁전이 모여 있는 지역으로 방콕에서 빼놓을 수 없는 대표 관광지다. 주요 볼거리는 왕궁과 왓 프라깨우, 왓 포 등이며 왓 포에서 짜오프라야 강 건너로
바로 보이는 왓 아룬까지 함께 일정에 포함해 돌아보면 좋다. 왓 프라깨우와 왕궁은 같은 경내에 있어 입장료는 한 번만 지불하면 된다.

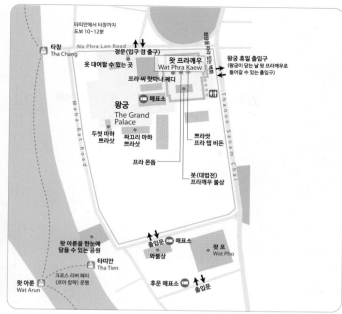

타띠안에서 타창까지
도보 10~12분

타창
Tha Chang

Na Phra Lan Road

정문(입구 겸 출구)

옷 대여할 수 있는 곳

왓 프라깨우
Wat Phra Kaew

왕궁 휴일 출입구
(왕궁이 닫는 날 왓 프라깨우로
들어갈 수 있는 출입구)

프라 씨 랏따나 쩨디

매표소

왕궁
The Grand
Palace

쁘라쌋
프라 텝 비돈

두씻 마하
쁘라쌋

짜끄리 마하
쁘라쌋

프라 몬돕

붓(대법전)
프라깨우 불상

왓 아룬을 한눈에
담을 수 있는 공원

출입문

매표소

왓 포
Wat Pho

타띠안
Tha Tien

와불상

왓 아룬
Wat Arun

크로스 리버 페리
(르아 캄팍) 운행

후문 매표소

출입문

Maha Rat Road

Thanon Sanam Chai

찾아가기

수상 보트

BTS 씨롬 라인
Silom Line
싸판딱씬Saphan
Taksin역 2번 출구

→

싸톤 선착장Tha Sathorn에서
짜오프라야 수상 버스Chao Phraya
Express Boat 이용
*오렌지 깃발의 배 승선

→

창 선착장Tha Chang
*왓 프라깨우까지
도보 8분

택시

시내에서 왕궁으로 이동할 때 가장 편리한 교통수단이다. 그랜드 팰리스Grand Palace보다는 '왓 프라깨우'라고 말해야 기사들이 더 잘 알아듣는다. 바가지요금을 피하려면 미터기로 운행하는 택시를 이용하는 것이 좋다.

TIP

왕궁 주변 사기꾼 주의

왕궁 주변에서 왕궁이 문을 닫았다며 접근하는 현지인은 반드시 주의하자! 왕궁 대신 다른 관광지를 보여주며 보트 투어 등을 제시한 후 투어가 끝나면 바가지요금을 요구한다. 혹은 보석 가게로 안내해 비싼 값에 보석을 팔기도 한다. 왕궁은 기본 연중무휴이지만 가끔 문을 닫는 날이 있으니 홈페이지에서 미리 스케줄을 확인하는 것이 좋다.

복장 규정

왓 프라깨우와 왕궁은 태국의 다른 사원에 비해 복장 규정이 까다롭다. 민소매, 반바지, 미니스커트 등 노출이 심한 옷뿐만 아니라 슬리퍼나 샌들 등 맨발도 보이면 안 되니 양말을 준비하자. 복장 심사를 통과하지 못하면 복장 대여소에서 200B를 내고 옷을 빌린 후 반납할 때 돈을 돌려받으면 된다.

민소매

탱크톱, 튜브톱

시스루톱

슬리퍼, 샌들

핫팬츠, 반바지

찢어진 바지

타이트한 바지

미니스커트

왕궁 The Grand Palace

라마 1세가 버마의 공격을 피해 짜오프라야 강 서쪽 톤부리에서 지금의 랏따나꼬신으로 수도를 옮긴 1782년에 건설되었다. 그 후 새 왕이 즉위할 때마다 새로운 건물을 짓거나 보수, 확장을 거쳐 지금의 모습에 이르렀다. 광대한 규모이나 극히 일부만 일반인에게 공개하고 있다.

왕궁 안의 볼거리

짜끄리 마하 쁘라삿 Chakri Maha Prasat
라마 5세가 유럽 순방 후 지은 3층짜리 대리석 건물로 르네상스 양식과 태국 양식이 융합되어 있다. 짜끄리 왕조 100주년이 되는 1882년에 완공되었다.

두씻 마하 쁘라삿 Dusit Maha Prasat
라마 1세 때 지어진 건물로 왕궁 내에서 가장 오래된 궁전이다. 여러 겹의 지붕과 높이 솟은 첨탑은 전형적인 랏따나꼬신의 건축양식이다. 왕실 직계가 죽으면 화장한 후 유골 단지를 이곳에서 2년간 보관한다.

왓 프라깨우 Wat Phra Kaew

짜끄리 왕조를 창건한 라마 1세가 방콕으로 수도를 옮기며 지은 사원으로 태국에서 가장 신성하게 여기는 프라깨우, 에메랄드 불상이 안치되어 있다. 황금으로 빛나는 화려한 사원, 에메랄드 불상 프라깨우, 회랑을 따라 펼쳐진 벽화, 앙코르와트 모형 등 다양한 볼거리가 있다. 방콕을 넘어 태국 제일의 관광 스폿이다. 오디오 가이드(영어, 프랑스어, 독어, 일어, 러시아어, 스페인어 등 8개 국어)가 제공되지만 아쉽게도 한국어는 없다. 금액은 200B. 여권이나 해외에서 사용할 수 있는 신용카드(아멕스, 마스터, 비자)가 필요하다.

📍 창 선착장Tha Chang에서 도보 8분
🏠 Na Phra Lan Rd
🕐 08:30~15:30, 연중무휴, 비정기 휴무 있음(홈페이지 참고)

THB 500B
@ royalgrandpalace.th/en/home

✦ 왓 프라깨우 안의 볼거리 ✦

프라 씨 랏따나 쩨디 Phra Si Rattana Chedi
왓 프라깨우에 들어서면 가장 먼저 보이는 화려한 황금빛 종 모양의 탑으로 부처님의 유골이 안치되어 있다.

프라 몬돕 Phra Mondop
황금 종탑 바로 옆에 있는 건물로 라마 1세 때 지은 왕실 도서관이다. 내부는 일반인에게 공개하지 않지만 정교함과 화려함의 극치를 보여주는 외관만으로도 충분한 볼거리다.

붓 Bot (대법전)
태국에서 가장 신성하게 여기는 에메랄드 불상, 프라깨우를 모시는 곳이다. 푸른 옥으로 만들어진 프라깨우는 에메랄드 불상으로 불리며 법전 내에서 사진 촬영은 금지다.

쁘라쌋 프라 텝 비돈 Prasat Phra Thep Bidon
겹겹이 쌓아 올린 지붕의 랏따나꼬신 초기 건축양식과 가운데 우뚝 솟은 옥수수 모양의 크메르 양식 불탑이 어우러진 독특한 양식의 건축물이다. 짜끄리 왕조 왕들의 실물 크기 동상이 보관되어 있으며 짜끄리 왕조 창건 기념일인 4월 6일에만 일반인에게 내부를 공개한다.

벽화 The Murals
사원 회랑을 따라 1900m에 걸쳐 벽화가 그려져 있다. 라마 1세 때 그려진 것으로 지금까지도 당시 모습 그대로 보존되어 있다.

TIP

왓 프라깨우 관람 순서

프라 씨 랏따나 쩨디 → 프라 몬돕 → 쁘라쌋 프라 텝 비돈 → 붓(대법전) → 벽화 → 왕궁

매표소를 통과하자마자 바로 보이는 화려한 건물과 많은 관광객으로 처음에는 당황스러울 수 있다. 입구에서 왼쪽부터 시계 방향으로 동선을 따라 황금 탑, 프라깨우, 벽화 순으로 왓 프라깨우 관광 후 왕궁으로 이동해 둘러보면 된다.

왓 포 Wat Pho

방콕에서 가장 크고 오래된 아유타야 건축양식의 사원으로 방콕이 수도로 지정되기 전인 16세기에 세워졌다. 왓 포에서 가장 유명한 것은 길이 46m, 높이 15m의 와불상으로 태국 최대 규모다. 턱을 괴고 길게 누워 열반에 든 부처님의 모습을 형상화한 불상으로 너무 커서 불상의 발바닥 쪽에서 봐야만 겨우 한눈에 들어온다. 발바닥에는 자개로 108 번뇌를 묘사해놓았다. 또한 왓 포는 전통 타이 마사지의 탄생지로도 유명하며 사원 내에서 타이 마사지를 받을 수 있다. 타이 마사지는 30분에 260B, 1시간에 420B, 발 마사지는 30분에 280B, 1시간에 420B이다.

📍 띠안 선착장Tha Tien에서 도보 5분

🏠 2 Sanam Chai Rd

🕐 08:00-17:00

THB 200B

왓 아룬 Wat Arun

톤부리 왕조 시절의 왕실 사원으로 톤부리 왕조 창건에서 패망까지 15년간 프라깨우를 본존불로 모셨던 곳이다. 아유타야 시대에 지어진 이 사원은 톤부리 왕조의 창시자인 딱신 장군이 버마와의 전쟁에서 승리하고 이곳에 도착한 시간이 새벽 무렵이어서 '새벽 사원'으로 불리기 시작했다. 아룬은 태국어로 '새벽'을 뜻한다. 높이 67m의 탑 프라 쁘랑이 유명한데, 짜끄리 왕조의 라마 2세 때 지어졌고 라마 4세 때는 중국 자기 조각으로 탑을 장식해 더욱 화려해졌다. 자기 장식에 햇살이 닿으면 반짝거려 아름다움을 더하며 밤에 조명이 켜지면 또 다른 아름다움을 뽐낸다. 태국 화폐 중 10B 동전에 새겨져 있다.

📍 강을 사이에 두고 왓 포 건너편. 띠안 선착장Tha Tien에서 크로스 리버 페리를 타고 3분(페리 요금 4B)

🏠 158 Thanon Wang Doem

🕐 08:30-17:30

THB 50B

THANON RATCHADAMNOEN

타논 랏차담년

카오산 로드에서 10~15분 걸어가면 닿을 수 있는 타논 랏차담년에는 민주기념탑, 라마 3~5세 때 건설된 사원들과 왓 쑤탓, 왓 싸껫 등의 볼거리가 있다. 왕궁보다는 한적해서 둘러보기 편하나 가까운 BTS 역이 근처에 없다. 택시로 가거나 MRT 쌈엿Sam Yot역, 띠안 선착장이나 프라아팃 선착장에서 내려 걸어가야 한다.

민주기념탑 Democracy Monument

1932년 6월 24일, 절대왕정이 붕괴되고 민주 헌법을 제정한 날을 기념하기 위해 만든 탑으로 타논 랏차담넌 끄랑Thanon Ratchadamnoen Klang 중간 지점의 로터리에 있다. 중앙에 민주화 운동에 희생된 사람들을 기리는 위령탑이 있으며 그 주위로 24m의 탑 4개가 감싸고 있다. 탑의 높이를 24m로 한 것은 6월 24일을 상징하기 위해서다.

📍 카오산 로드에서 도보 5분, 타논 랏차담넌 끄랑 중간 지점의 로터리

🏠 Ratchadamnoen Avenue

왓 랏차낫다람 Wat Ratchanatdaram

1846년 라마 3세가 지은 사원으로 3층 피라미드 구조에 37개 철탑이 있는 로하 쁘라쌋Loha Prasat으로 유명하다. 철탑은 37개의 덕행을 의미하며 내부의 나선형 계단을 따라 탑 정상까지 오를 수 있다.

📍 민주기념탑에서 도보 5분

🏠 2 Maha Chai Road

🕐 08:00-17:00

THB 20B

왓 싸껫 Wat Saket

왓 싸껫은 80m 높이의 인공 언덕 위에 지어진 사원으로 황금색 쩨디(Chedi, 탑)로 유명하다. 고층 건물이 들어서기 전까지는 방콕에서 가장 높은 곳이었으며 황금색 탑 때문에 푸카오 텅, 즉 황금 언덕으로 불린다. 라마 1세 때 지어진 사원은 재건축을 거쳐 라마 5세 때 지금의 모습을 갖췄다. 320여 개 계단을 올라야 왓 싸껫에 도달할 수 있다. 더운 날씨에 끝없이 이어지는 계단을 오르는 것이 쉽지 않지만 정상에서 보는 방콕의 탁 트인 풍경은 훌륭하다.

📍 카오산 로드에서 도보 20분 / 민주기념탑에서 도보 10분

🏠 344 Thanon Chakkraphatdi Phong

🕐 08:00-17:00

THB 20B

왓 쑤탓 Wat Suthat

라마 1세 때 착공해 라마 3세 때 완공된 사원으로 태국 주요 6대 사원 중 하나다. 법당에 안치된 8m 높이의 황금 불상, 라마 2세가 직접 만든 것으로 알려진 본당의 출입문, 본당 주변을 둘러싸고 있는 156개의 불상, 벽화 등 다양한 볼거리가 있다.

TIP

싸오 칭차 Sao Ching Cha(Giant Swing)

왓 쑤탓 입구에 있는 붉은 문처럼 생긴 대형 그네. 힌두교의 창조와 파괴의 신인 시바Siva가 인간세계로 내려오는 것을 맞이하며 환영 행사를 하던 곳이다. 4명의 남자가 조를 이뤄 그네를 타며 옆에 있는 25m 높이의 대나무에 매달아놓은 동전 주머니를 잡는 시합을 했는데, 잦은 사고로 1930년대부터 그네 사용을 금지했다. 현재는 그네 기둥만 남아 있지만 방콕의 인기 포토 존 중 하나다.

왓 랏차보핏 Wat Ratchabop

태국과 유럽의 건축양식이 혼재된 사원으로 라마 5세가 유럽을 방문한 후 돌아와 처음으로 지은 사원이다. 사원 중앙에는 왓 싸껫의 쩨디와 비슷한 황금색 쩨디가 높이 솟아 있고 법전이 쩨디를 둥글게 감싸며 배치되어 있다. 법전 외관은 전형적인 태국 건축양식이지만 내부는 유럽 양식으로 되어 있어 특이하다.

📍 왕궁 또는 왓 포에서 도보로 10분
🏠 Fueang Nakhon Road
🕐 08:00-17:00
THB 무료

국립박물관 National Museum

태국 최대 규모의 박물관으로 각 전시관과 시대별로 미술품과 조각상, 불상 그리고 왕실에서 기증한 다양한 왕실 생활용품이 전시되어 있다. 라마 5세 때 선왕인 라마 4세의 유품을 전시하기 위한 왕실 박물관으로 사용했던 것을 1926년 라마 7세에 의해 방콕 국립박물관으로 정식 개관한 태국 최초의 박물관이다. 크고 작은 13개의 건물이 있으며 4, 5, 6 갤러리는 더 세분화되어 있어 다 둘러보려면 최소 2~3시간 소요된다.

⊙ 09:00-16:00, 월~화요일, 국경일 휴무

THB 200B
무료 가이드 투어 영어, 프랑스어(매주 수~목요일 09:30), 독어, 일어(매주 수요일 09:30)

@ www.virtualmuseum.finearts.go.th/bangkoknationalmuseums/index.php/en

1 람캄행 왕의 비문
King Ram Khamhaeng's
Inscription
역사상 가장 오래된
태국어가 새겨져 있는 비문

2
프라 부다 시힝
Phra Buddha
Sihing
태국 사람들이 가장
존경하는 불상

4 가네샤 Ganesha
인도 신화에 나오는
인간의 몸에 코끼리 머리를
한 지혜와 행운의 신

10 웨자얀 라짜롯 Vejayant Rajarot
라마 1세가 자신의 장례를 위해 만든 13m 높이의 황금빛 장

6 쑤타이 Chut Thai
화려함이 돋보이는 태국의 전통 의상

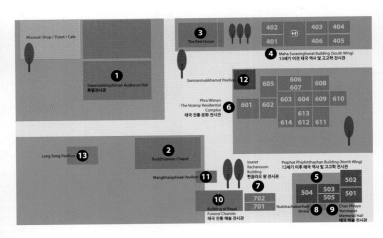

팁싸마이 **Thip Samai** ทิพย์สมัย ผัดไทยประตูผี 팟타이

CNN에서 선정한 방콕 최고의 팟타이(Padthai, 75B)로 소개된 팁싸마이는 오픈 전부터 긴 줄이 늘어서 있다. 오므라이스처럼 달걀지단으로 싼 팟타이(Padthai Wrapped with Egg, 120B)가 가장 잘 팔리지만 오리지널 팟타이도 맛있다. 100% 오렌지만으로 만든 주스(Big Bottle, 160B)도 팟타이 못지않게 유명하다. 실내에서 먹으면 자릿세(인당 10B)가 따로 부과된다.

📍 민주기념탑에서 도보 8~10분

🏠 313 315 Maha Chai Road

🕐 매일 17:00-02:00

밋코유안 **Mit Ko Yuan** ร้านอาหารมิตรโกหย่วน 똠얌꿍

통통한 새우가 들어간 얌꿍(Hot and Sour Shrimps Soup, 100B) 맛집이다. 새콤하면서도 살짝 매운 수프는 먹을수록 중독된다. 고수는 뺄 수도 있지만 고수가 들어가야 진정한 똠얌꿍의 맛을 느낄 수 있다. 싱싱한 조개를 이용한 칠리 조개(Chill Fried Clams, 90B)도 우리 입맛에 잘 맞는다.

📍 크루아 압쏜에서 도보 2분 / 민주기념탑에서 도보 4분

🏠 186 Dinso Road

🕐 월~금요일 11:00-14:00, 16:00-22:00,
　　토~일요일 16:00-22:00

메타왈라이 쏜댕 **Methavalai Sorndaeng** เมธาวลัย ศรแดง 미슐랭

앤티크한 인테리어와 라이브 음악이 어우러진 아늑한 분위기에서 깔끔하고 정갈한 태국 요리를 선보인다. 미슐랭 원 스타이지만 가성비 좋은 맛집으로 알려져 있다. 파인애플에 담겨 나오는 해산물 볶음밥(Pineapple Curry Rice, 240B)과 태국식 샐러드 쏨땀(Som Tam, 180B)이 인기 메뉴다.

📍 민주기념탑에서 도보 10분

🏠 78 2 Ratchadamnoen Avenue

🕐 매일 10:30-22:00

더 덱 바이 아룬 레지던스 The Deck by Arun Residence 퓨전 요리

강 건너에는 방콕의 상징적 아이콘인 왓 아룬이 보이며 강변을 끼고 탁 트인 전망이 매력적인 테라스 형태의 레스토랑으로 태국 음식을 비롯해 파스타(300B~), 볶음밥(180B~) 등 다양한 동서양의 음식을 판다. 해 지는 시간에는 맥주 한잔하며 강바람을 쐬기 좋아 항상 붐비므로 미리 예약하는 것이 좋다.

📍 왕궁에서 도보 10분 / 띠안 선착장Tha Tien에서 도보 5분
🏠 36 Pratoo Nok Yoong Soi 38
🕐 월~목요일 08:00-22:00, 금~일요일 08:00-23:00

크루아 압쏜

Krua Apsorn ครัวอัปษร 뿌팟퐁까리

방콕 내 5개 지점이 있는 뿌팟퐁까리(Stir Fried Crab Meat with Curry, 500B) 맛집 크루아 압쏜. 게살만 발라 만들어서 다른 곳보다 알차고 양이 많다. 부드러운 게살과 향긋한 커리의 조합은 볶음밥과 잘 어울린다. 게살이 들어간 오믈렛(Omelet with Crab, 100B)도 인기다.

📍 민주기념탑에서 도보 2~3분
🏠 169 Dinso Road
🕐 월~토요일 10:30-20:00, 일요일 휴무

온록윤 On Lok Yun ออนล็อกหยุ่น 조식, 브런치

1933년에 오픈한 온록윤園樂安은 '편안하게 조식을 즐길 수 있는 곳'이라는 뜻이다. 가게 이름에 걸맞게 오전 5시 30분부터 문을 열어 저렴한 가격으로 조식을 먹으려는 현지인과 관광객으로 항상 붐빈다. 인기 메뉴는 토스트(Bread with Butter and Sugar, 23B)와 프렌치토스트(French Toast, 35B)다.

📍 MRT 쌈엿Sam Yot역에서 도보 2~3분 / 왓 포에서 도보 10분

🏠 72 Charoen Krung Rd

🕐 매일 05:30-16:00

남헹리

Nam Heng Li หน่าเฮงหลี 조식, 카야 토스트

로컬의 아침 식사를 책임지는 곳으로 오래된 냉장고와 의자만큼 세월의 흔적이 느껴진다. 메뉴판은 없다. 대신 할머니가 메뉴를 읊어주시는데 커피, 타이 티, 카야 잼과 같이 나오는 토스트, 컵에 담겨 나오는 반숙 달걀, 이렇게 4개가 전부이고 토스트, 달걀, 타이 티까지 시켜도 60B이면 충분하다. 반숙 달걀은 후추와 간장을 취향대로 넣어 섞어 먹으면 더 맛있다.

📍 마하깐 요새Mahakan Fort에서 도보 8분

🏠 212 Thanon Chakkraphatdi Phong

🕐 월~금요일 06:00-15:00, 토~일요일 06:00-14:00

CHINATOWN

차이나타운

화려한 색감과 한자로 뒤덮인 간판들이 눈길을 끄는 방콕 안의 중국! 차이나타운의 중심지인 야오와랏 거리Yaowarat Road는 중국의 거리를 재현해놓은 듯 중화요리 음식점, 금은방, 약재상 등 다양한 상점 및 시장이 1.5km 거리를 따라 가득 메우고 있어 이국적인 풍경을 만들어낸다. 저녁이 되면 거리는 다양한 음식을 파는 노점상들로 가득 차며 또 한 번 풍경이 달라지니 놓치지 말자.

차이나타운 게이트
Chinatown Gate

1999년 당시 태국 국왕이었던 라마 9세의 탄생 72주년을 맞이해 지어졌다. 차이나타운 중심지인 야오와랏 거리와 맞닿아 있어 차이나타운의 시작을 알리는 상징이자 입구다.

📍 MRT 후알람퐁Hua Lamphong역 1번 출구에서 도보 6분

🏠 322 Tri Mit Rd

왓 뜨라이밋 Wat Traimit

수코타이 시대에 만들어진 것으로 추정되는 세계에서 가장 큰 황금 불상이 있는 사원. 높이 약 3m, 무게가 무려 5500kg에 이르는 황금 불상은 발견 당시 석고로 감싸여 있어 석고 불상으로 알고 있었으나 불상을 옮기던 중 그 무게를 이기지 못해 떨어뜨리면서 석고가 깨져 황금 불상의 존재가 세상에 알려졌다. 이후 황금 불상을 위해 지은 사원이 왓 뜨라이밋이다.

📍 MRT 후알람퐁Hua Lamphong역 1번 출구에서 도보 5분

🏠 661 Charoen Krung Rd

🕐 매일 08:00-17:00 / 박물관 월요일 휴관

THB 황금 불상 40B, 황금 불상+박물관 100B

티 & 케이 시푸드

T & K Seafood 시푸드

차이나타운에서 모르면 간첩일 정도로 유명한 레스토랑. 밖의 공간은 각종 해산물을 숯불에 굽는 직원과 야외 테이블로 항상 북적거린다. 넓지는 않지만 3층으로 된 실내 공간도 있다. 저렴한 가격에 신선한 해산물 요리를 맛볼 수 있으며 웨이팅을 피하고 싶다면 오픈 시간에 맞춰 가는 것이 좋다. 게 요리(Stir-Fried Crab with Chili Paste, 400~850B), 생선 요리(Steamed White Snapper, 400B), 새우구이(Grilled Banana Shrimp, 250~500B)가 인기다.

📍 MRT 왓 망껀Wat Mangkon역에서 도보 4분 / 차이나타운 게이트에서 도보 7분

🏠 49 51 Phadung Dao Road

🕐 매일 15:30-02:00

꾸어이짭 유안 포차나 Kuai Chap UanPhotchana

ก๋วยจั๊บอ้วนโภชนา 쌀국수

차이나타운의 맛집 중 하나로 붐비는 시간에는 줄을 서서 먹을 정도로 유명하다. 국수 종류는 하나로, 튀긴 삼겹살과 돌돌 말린 면의 조화가 예사롭지 않다. 면을 따로 먹기보다는 국물과 같이 숟가락으로 떠먹으면 맛있고 국물에서 강한 후추 맛이 느껴진다. 가격은 스몰 50B, 라지 100B.

📍 MRT 왓 망껀Wat Mangkon역에서 도보 3분 / 차이나타운 게이트에서 도보 10분

🏠 Yaowarat Road

🕐 매일 18:00-03:00

크루아 폰라마이 Krua Porn La Mai ครัวพรละมัย 랏나

꾸어이짭 유안 포차나와 인접해 있는 노점상으로 랏나, 굴전, 수끼 등을 판매한다. 랏나는 넓은 쌀국수 면에 채소, 고기 등을 넣고 볶은 후 전분을 넣은 걸쭉한 국물을 자작하게 부어 내는 요리다. 랏나(Noodle in Gravy, 60~70B)는 누구나 무난하게 먹을 수 있으며 수끼(Fried Cantonese Suki Yaki, 60~70B)는 호불호가 갈릴 수 있으니 참고하자.

📍 MRT 왓 망껀Wat Mangkon역에서 도보 2분 / 차이나타운 게이트에서 도보 9분

🏠 64 Plaeng Nam Road

🕐 매일 18:00-02:00

오디얀 Odean โอเดียน 완탕면

태국 방송 매체에 여러 번 소개된 식당으로 완탕면 위에 집게 발을 통째로 올려주는 바미깜뿌(บะหมี่ก้ามปู, Noodle with Claws of Crab, 150~550B)가 대표 메뉴다. 가격은 집게 크기에 따라 50B씩 추가된다. 가격 대비 게살이 올라간 새우 완탕면(Noodle+Prawn Wonton with Crab, 65B)이 더 깔끔하며 기호에 맞게 고춧가루를 넣어 먹어도 좋다.

📍 차이나타운 게이트에서 도보 4분

🏠 724 Charoen Krung Road

🕐 매일 08:30-20:00

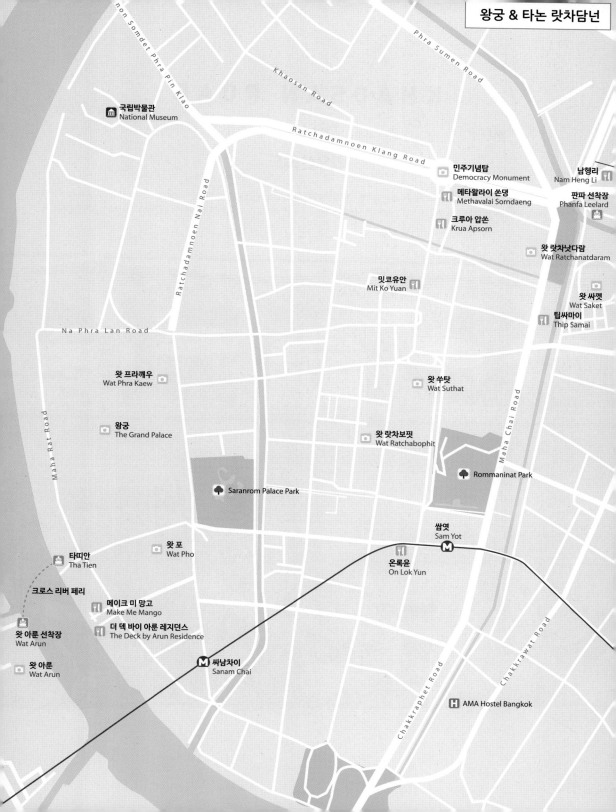

non Somdet Phra Pin Klao

Phra Sumen Road

Khaosan Road

Ratchadamnoen Klang Road

Ratchadamnoen Nai Road

국립박물관
National Museum

민주기념탑
Democracy Monument

남행리
Nam Heng Li

메타왈라이 쏜댕
Methavalai Sorndaeng

판파 선착장
Phanfa Leelard

크루아 압쏜
Krua Apsorn

왓 랏차낫다람
Wat Ratchanatdaram

밋코유안
Mit Ko Yuan

왓 싸껫
Wat Saket

Na Phra Lan Road

팁싸마이
Thip Samai

왓 프라깨우
Wat Phra Kaew

왓 쑤탓
Wat Suthat

Maha Chai Road

왕궁
The Grand Palace

왓 랏차보핏
Wat Ratchabophit

Maha Rat Road

Rommaninat Park

Saranrom Palace Park

쌈엿
Sam Yot

타띠안
Tha Tien

왓 포
Wat Pho

온록윤
On Lok Yun

크로스 리버 페리

왓 아룬 선착장
Wat Arun

메이크 미 망고
Make Me Mango

더 덱 바이 아룬 레지던스
The Deck by Arun Residence

Chakkrawat Road

왓 아룬
Wat Arun

싸남차이
Sanam Chai

Chakkraphet Road

AMA Hostel Bangkok

KHAOSAN ROAD

카오산 로드

방콕의 화려한 얼굴과 대비되는 소박한 모습의 카오산 로드는 오래 머무는 배낭여행객, 짧게 스치는 관광객 그리고 현지인이 사랑하는 곳이다. 대형 쇼핑몰보다는 야시장이, 깔끔한 레스토랑보다는 길거리 음식과 로컬 식당이 더 끌린다면 이곳이 제격이다. 두 얼굴의 매력적인 방콕을 만나다 보면 매 순간 달라지는 모습에 흠뻑 빠지게 된다.

프라쑤멘 요새 Phra Sumen Fort

싼띠차이 쁘라깐 공원에 우뚝 서 있는 하얀 성벽 같은 건축물로 약 220년 전 라마 1세 때 도시를 방어하기 위해 만든 성벽과 함께 지어진 것이다. 건설 당시에는 14개였으나 현재는 2개만 남아 있다.

- 프라아팃Phra Arthit 선착장에서 도보 3분 / 카오산 로드에서 도보 10분
- Phra Arthit Road

싼띠차이 쁘라깐 공원 Santichai Prakan Park

짜오프라야 강변에 자리한 자그마한 공원으로 데이트를 즐기거나 푸른 잔디 위에서 여유로운 시간을 즐기는 사람들을 볼 수 있다. 공원 주변으로 운치 있는 강변 카페와 레스토랑이 많다.

- 프라아팃Phra Arthit 선착장에서 도보 3분
- Chana Songkhram

나이 쏘이 Nai Soi 갈비 국수

카오산 로드에서 3대 국숫집 중 하나로 한국인에게는 일명 갈비 국수(Steamed Beef Noodle, 100B)로 유명하다. 진한 소고기 국물에 쌀국수를 넣어 갈비탕 맛과 비슷해 우리 입맛에도 잘 맞는다. 누들을 선택한 후 토핑과 사이즈를 고르면 되고 메뉴판에 사진이 있어 주문하기 쉽다.

📍 프라아팃Phra Arthit 선착장에서 도보 2분

🏠 100 2-3 Phra Arthit Road

🕐 매일 07:30-19:30

쿤댕 꾸어이짭 유안 Khun Daeng Guay Jub Yuan

คุณแดงก๋วยจั๊บญวน 꾸어이짭 국수

다른 쌀국수보다 끈적거리는 면이 특징이어서 일명 끈적 국수로 잘 알려진 꾸어이짭 국수(Vietnamese Noodle, 45B) 전문점이다. 쫄깃한 면발과 돼지고기로 우려낸 육수에 어묵, 메추리알 등의 고명이 올라간다. 담백한 맛으로 해장하기에도 좋으며 노멀(45B)과 엑스트라(55B) 사이즈 중 선택하면 된다. 사이드 메뉴로는 스프링롤(45B)을 추천한다.

📍 나이 쏘이에서 도보 1분

🏠 74 Phra Arthit Road

🕐 매일 11:00-21:30

찌라 옌타포

Jira Yentafo จิระเย็นตาโฟ 어묵 국수

한국 관광객에게 인기가 많아 한국어 메뉴판도 있는 국숫집으로 자극적이지 않은 맛으로 많은 사람들이 찾고 있다. 에그누들과 쌀국수 등 4가지 면 중 선택 가능하며 국물 종류와 마지막으로 사이즈를 선택하면 된다. 스몰 사이즈는 60B, 라지 사이즈 70B이다. 테이블에 각종 소스가 있어 입맛에 맞게 넣어 먹을 수 있다.

📍 프라쑤멘 요새에서 도보 7분

🏠 118 Chakrabongse Road

🕐 목~화요일 08:00-15:00, 수요일 휴무

© Adhere The 13th Blues Bar

나이찻 돼지고기 국수
Nai Chart Tale of Stewed Pork นายชาติหมูตุ๋นพระนคร 돼지고기 국수

20년 전 포장마차로 시작한 국숫집으로 돼지고기를 푹 고아 만든 국수(Stewed Pork Thai Rice Noodle, 45B)는 누린내가 나지 않고 깔끔한 맛으로 유명하다. 고수가 아니라 셀러리가 들어 있어 셀러리 향을 싫어하면 미리 빼달라고 말하자. 태국어로 가게 이름은 나이찻 무뚠 프라나컨이다.

📍 쿤댕 꾸어이짭 유안 옆, 나이 쏘이에서 도보 1~2분
🏠 64 Phra Arthit Rd
🕐 월~토요일 09:30-19:30, 일요일 휴무

애드히어 더 서틴스 블루스 바
Adhere The 13th Blues Bar 바

카오산 로드와 가까운 쌈쎈Samsen 로드에 자리한 바. 많은 외국인과 현지인으로 북적이는 곳으로 모르는 사람들끼리 합석해서 맥주 한잔 즐기는 것도 이곳만의 매력이다. 저녁 10시 이후에 들려오는 라이브 연주는 꽤 수준급이나 많은 인원이 한번에 방문하기에는 장소가 협소하다.

📍 프라쑤멘 요새에서 도보 5~7분
🏠 13 Samsen Road
🕐 매일 18:00-24:00

빠덩꼬 카페
Patonggo Café 디저트

<미슐랭 가이드>에도 소개될 만큼 유명한 중국식 도넛 가게. 기름에 튀긴 도넛 위에 아이스크림(Patonggo Ice Cream, 40B / 80B) 또는 초코, 밀크 등 달콤한 소스를 뿌려 먹는다. 홈메이드 아이스크림(1스쿠프, 25B)을 사용하며 바닐라, 치즈 케이크, 코코넛, 리치 중에서 선택할 수 있다. 디저트뿐만 아니라 간단한 식사도 할 수 있다.

📍 프라쑤멘 요새에서 도보 8분 / 카오산 로드 맥도날드에서 도보 6분
🏠 246 Sip Sam Hang Road
🕐 매일 08:30-19:00

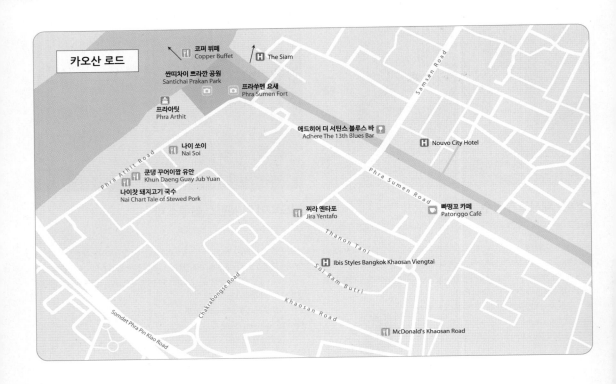

카오산 로드

코퍼 뷔페
Copper Buffet

The Siam

쌘띠차이 쁘라깐 공원
Santichai Prakan Park

프라쑤멘 요새
Phra Sumen Fort

프라아팃
Phra Arthit

애드히어 더 서틴스 블루스 바
Adhere The 13th Blues Bar

Nouvo City Hotel

나이 쏘이
Nai Soi

쿤댕 꾸어이짭 유안
Khun Daeng Guay Jub Yuan

나이찻 돼지고기 국수
Nai Chart Tale of Stewed Pork

Phra Athit Road

Phra Sumen Road

빠땡꼬 카페
Patonggo Café

찌라 옌타포
Jira Yentafo

Thanon Tani

Ibis Styles Bangkok Khaosan Viengtai

Soi Ram Butri

Chakrabongse Road

Somdet Phra Pin Klao Road

Khaosan Road

McDonald's Khaosan Road

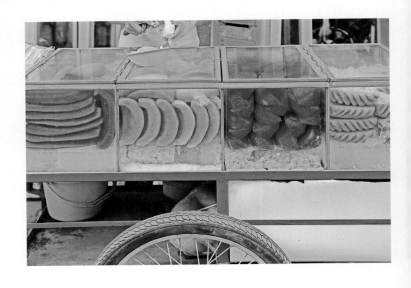

SILOM & SATHON

씨롬 & 싸톤

방콕의 대표적인 상업지역답게 씨롬과 싸톤에는 고층 건물이 즐비하게 들어서 있다. 낮에는 태국 및 외국계 은행은 물론 수많은 오피스 빌딩, 백화점, 호텔 건물이 현대적인 방콕의 면모를 여실히 보여준다. 밤에는 대표적인 환락가로 알려진 팟퐁Patpong으로 발길을 돌리는 관광객이 많은데 짝퉁으로 유명한 야시장을 비롯해 펍, 고고바 등이 다채로운 색으로 물들인다.

룸피니 공원
Lumphini Park 공원

도심 속의 오아시스 같은 룸피니 공원은 양쪽의 거대한 인공 호수와 잘 닦인 길 사이로 푸른 잔디와 야자수 등이 어우러져 있다. 라마 6세가 사유지를 국가에 헌납, 공원으로 조성된 곳으로 입구에는 라마 6세 동상이 세워져 있다. 공원 안에서 조깅, 태극권(타이찌Tai Chi)을 하거나 잔디에서 시간을 보내는 사람 등 다양하게 즐기는 현지인의 모습을 볼 수 있다.

📍 BTS 쌀라댕Sala Daeng역 4번 출구에서 도보 5분 / MRT 룸피니Lumphini역 1번 출구에서 도보 3분

🏠 Rama IV Road

🕓 04:30-21:00

아시아티크 Asiatique 야시장

19세기 말 유럽과의 교역 때 사용하던 건물을 복원한 강변 나이트 바자로Bazzar 쇼핑과 다양한 엔터테인먼트를 동시에 즐길 수 있다. 테마별로 나누어진 4개 구역에는 1500여 개의 상점과 40여 개의 레스토랑이 있으며 칼립소 카바레, 조 루이스 인형극, 무에타이 라이브 등의 공연도 감상할 수 있다. 특히 높이 60m의 대형 관람차는 강변 너머 도심의 야경을 즐기기에 좋다.

📍 BTS 싸판딱씬Saphan Taksin역 2번 출구로 나와 싸톤 선착장Tha Sathorn 으로 이동(도보 1분)해 아시아티크 무료 셔틀 보트 이용(10분 소요, 16:00-23:30 운행)

🏠 2194 Charoen Krung Road

🕓 16:30-24:00

르 노르망디 Le Normandie 미슐랭

만다린 오리엔탈 5층에 들어선 프렌치 레스토랑으로 <미슐랭 가이드>에서 별 2개를 따냈다. 요리의 맛은 물론 섬세한 서비스와 셰프의 감각이 고스란히 담긴 플레이팅은 파인 다이닝의 정석을 보여준다. 코스 요리는 다소 부담스러운 금액이지만 강변에서 노을이 지는 풍경과 함께 낭만의 디너를 즐긴다는 것을 감안한다면 금액 이상의 가치를 보장하는 곳이다.

📍 BTS 싸판딱씬Saphan Taksin역에서 하차 후 역 옆에 있는 싸톤 선착장Tha Sathorn에서 만다린 호텔로 가는 셔틀 보트로 이동

🏠 48 Oriental Avenue Bang Rak Bangkok

🕐 런치 12:00-14:00,
디너 19:00-22:00, 일요일 휴무

블루 엘리펀트
Blue Elephant 태국 요리

1980년 태국 왕실 요리 전문점으로 유럽에서 먼저 성공해 태국에 진출한 블루 엘리펀트. 2002년에 100년 이상 된 콜로니얼 양식의 유럽풍 빌라를 개조해 방콕 지점을 오픈했다. 왕실 요리라고 해도 외국인 입맛에 맞춰 변형된 퓨전 음식이 많다. 특히 인기가 많은 뿌팟퐁까리(Crab Meat Yellow Curry, 1080B)는 자극적이지 않고 깔끔한 맛을 자랑한다.

📍 BTS 쑤라싹Surasak역 2번 출구에서 도보 2분

🏠 233 South Sathon Road

🕐 매일 런치 11:30-14:30, 디너 18:00-22:00

반 쏨땀
Baan Som Tam

น้านส้มต่ำ 쏨땀

반 쏨땀은 '쏨땀 집'이라는 이름처럼 쏨땀 전문점이며 게살, 돼지고기, 새우 등 다양한 토핑의 쏨땀(75B~) 종류가 20가지가 넘어 취향 대로 선택하면 된다. 물론 쏨땀과 어울리는 닭 날개 튀김(Fried Chicken Wings, 100B)도 인기다. 내부는 오픈 주방으로 깔끔하며 가성비 좋은 레스토랑으로 현지인은 물론 관광객에게 사랑받는 곳이다. 쑤쿰윗에도 지점이 있다.

📍 BTS 쑤라싹Surasak역 3번 출구에서 도보 5분

🏠 9/1 Pramuan Road

🕐 매일 11:00-21:30

로컬 캔틴
The Local Canteen

태국 가정식

태국 가정식 콘셉트의 레스토랑으로 감각적인 인테리어가 돋보이는 곳이다. 덕분에 현지인은 물론, 외국인들에게도 인기를 끌고 있으며 점심시간에는 세트 메뉴가 있어 주변 직장인으로 붐빈다. 평일 11:00-15:00에 밥, 국, 반찬이 나오는 런치 세트는 9개 구성 중 1개 메뉴를 선택하면 되고 금액은 135B부터다. 짜고 매운 맛이 강해 호불호가 갈리는 점은 참고하자.

📍 BTS 청논씨Chong Nonsi역에서 도보 3분, 트리니티 씨롬 호텔Trinity Silom Hotel 건물에 위치

🏠 150 Silom Soi 3

🕐 월~금요일 런치 11:30-14:30, 디너 17:30-22:30, 토~일요일 런치 12:00-14:30, 디너 17:30-22:00

아르노스 부처 앤 이터리

Arno's Butcher and Eatery 숙성 스테이크

방콕에서 숙성 스테이크로 유명한 곳으로 스테이크뿐만 아니라 햄버거도 맛있다. 방콕에는 약 11개 지점이 있으며 본점이 아르노스 부처 앤 이터리다. 싸톤 지역에서 살짝 벗어나 있는 본점은 접근성이 떨어지는데도 주말에는 예약하지 않으면 안 될 정도로 인기다. 숙성 기간에 따라 가격이 다르며 원하는 부위를 고르면 구워준다. 75일 숙성된 티본스테이크는 100g당 150B 정도. 찾아가기 좋은 곳은 엠카르티에 7층에 있는 지점이다. 자세한 사항은 홈페이지 arnosgroup.com 참고.

📍 에라완 사원에서 차로 15~20분(본점 기준)
🏠 2090/2 Soi Naradhiwat Rajanagarindra 20 Naradhiwat Rajanagarindra Road
🕐 매일 11:00-22:00

짜런쌩 씨롬

Kamoo Charoensang Silom ขาหมูเจริญแสง สีลม
족발 덮밥

1959년부터 시작한 노점 식당으로 돼지 족발(카무 ขาหมู) 맛집이다. 미슐랭 빕 그루망에 선정되면서 현지인뿐만 아니라 관광객으로 항상 붐빈다. 금액은 크기에 따라 60B부터 있으며 5B을 추가하면 밥이 제공된다. 푹 쪄낸 족발은 부드러워서 포크로 찍는 순간 살과 뼈가 분리되어 먹기 쉽다. 맛은 간장 베이스로 갈비찜과 비슷해 밥을 추가해 비벼 먹으면 맛있다.

📍 BTS 싸판딱씬Saphan Taksin역 3번 출구에서 도보 7분
🏠 492/6 Charoen Krung Soi 49
🕐 매일 07:30-13:30(재료 소진 시 마감)

마짜로 Mazzaro 태국 & 서양 요리

2008년에 오픈한 가족 경영 레스토랑으로 태국과 서양식 요리를 맛볼 수 있다. 셰프는 할머니에게서 물려받은 태국 요리 비법에 자신만의 색을 입혀 동양과 서양의 맛을 조화롭게 선보인다. 깔끔하고 분위기가 좋은 편이며 음식 맛이 아주 뛰어나지는 않지만 큰 실패 없이 대체적으로 무난하게 먹을 수 있다. 태국 요리는 180~280B, 서양식 메인 요리는 380B 이상이다.

📍 BTS 싸판딱씬Saphan Taksin역 3번 출구에서 도보 6분
🏠 Soi Charoen Krung 42/1
🕐 매일 11:00-24:00(마지막 주문 23:30)

탄잉 Than Ying
태국 요리

왕실 요리사였던 인물의 이름을 따서 만든 탄잉. 요리사 아들에게 전수한 왕실 레시피로 만든 요리와 깔끔한 유니폼을 차려입은 종업원의 서비스로 마치 왕족이 된 듯한 기분이 든다. 오래된 건물의 외관은 다소 허름해 보이지만 내부 인테리어는 고급스럽다. 해산물을 이용한 볶음 요리와 튀김 요리가 많으며 똠얌꿍(Tom Yam Goong, 180B), 텃만꿍(Tod Man Goong, 240B) 등 기본적인 태국 요리도 맛도 뛰어나 인기다.

📍 BTS 쑤라싹Surasak역 3번 출구에서 도보 4분
🏠 10 Pramuan Road
🕐 매일 11:00-22:00

ICONSIAM

아이콘싸얌

짜오프라야 강변 풍경을 다시 한 번 바꾼 쇼핑몰로 아시아에서 10위 안에 드는 큰 규모를 자랑한다. 태국 북부, 북동부, 남부, 중부 지방을 테마로 꾸민 쑥싸얌Sooksiam을 보기 위해 이곳을 찾는 사람도 많다. 쑥싸얌은 수상 시장을 방불케 하는 인테리어와 다양한 로컬 음식은 물론 시원하고 쾌적한 환경에서 여러 가지 길거리 음식도 경험해볼 수 있어 더욱 신선하다. 전문 레스토랑은 4~6층에 몰려 있다. 망고 전문점인 옌리 유어스(4층), 엠케이 라이브(5층), 팟타이로 유명한 팁싸마이(6층), 애프터 유 디저트 카페(6층), 태국 대표 밀크티 차뜨라므(6층) 등도 입점해 있으니 참고하자.

📍 BTS 싸판딱씬Saphan Taksin역에 내려 싸톤 선착장에서 아이콘싸얌 무료 셔틀 보트(10분 간격으로 운행) 이용 / BTS 끄룽톤부리Krung Thon Buri역 1번 출구에서 아이콘싸얌 무료 셔틀 미니버스(15분 간격으로 운행) 이용
🏠 299 Charoen Nakhon Soi 5
🕐 매일 10:00~22:00

THE JAM FACTORY

더 잼 팩토리

낡은 공장을 개조해 갤러리, 서점, 카페, 레스토랑, 라이프 스타일 숍 등을 운영하는 복합 문화 공간이다. 커다란 보리수가 그늘을 만들어 주고 세련된 공간은 방문객의 호기심을 자극한다. 재치 있는 이름의 태국 레스토랑 The Never Ending Summer, 서점이자 북 카페인 Candide, 가구와 소품 숍인 Anyroom, 갤러리인 The Jam 등이 있다. 자주 열리는 The Knack Market에서는 수공예 작가, 지역 농부 등이 모여 더욱 활기를 불어넣는다. 아이콘싸얌에서 크렁싼Klong San 시장을 통과해서 걸어가면 만날 수 있다.

📍 아이콘싸얌에서 도보 10분 / 씨 프라야 선착장 Tha Si Phraya에서 크로스 리버 페리를 타고 크렁싼Klong San 선착장에 내려 도보 3분

🏠 41/1-5 Charoen Nakhon Road

🕐 매일 10:00-20:00

WAREHOUSE 30

웨어하우스 30

창고로 쓰이던 곳을 개조한 복합 쇼핑 시설 웨어하우스 30. 빈티지 숍, 잡화점, 레스토랑, 카페뿐만 아니라 미니 극장에서는 국내의 다큐멘터리를 상영하고 이벤트 공간에서는 요가 수업과 페스티벌을 개최하는 등 다양한 아트 활동이 이루어지는 곳이다. 특히 재활용품을 디자인한 업사이클링 제품의 브랜드와 태국 특산품을 전시하는 다양한 숍이 눈에 띈다.

📍 씨 프라야 선착장Tha Si Phraya에서 도보 1분

🏠 52 60 Captain Bush Ln

🕐 매일 11:00-20:00 (매장마다 다름)

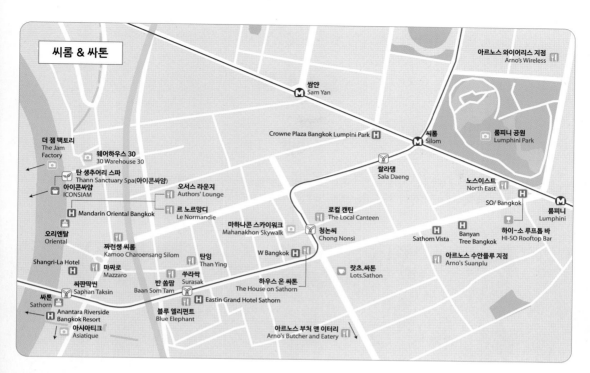

씨롬 & 싸톤

- 쌈얀 / Sam Yan
- Crowne Plaza Bangkok Lumpini Park
- 씨롬 / Silom
- 룸피니 공원 / Lumphini Park
- 아르노스 와이어리스 지점 / Arno's Wireless
- 더 잼 팩토리 / The Jam Factory
- 웨어하우스 30 / 30 Warehouse 30
- 쌀라댕 / Sala Daeng
- 노스이스트 / North East
- 탄 생추어리 스파(아이콘싸얌) / Thann Sanctuary Spa
- 아이콘싸얌 / ICONSIAM
- 오서스 라운지 / Authors' Lounge
- SO/ Bangkok
- 룸피니 / Lumpini
- Mandarin Oriental Bangkok
- 르 노르망디 / Le Normandie
- 로컬 캔틴 / The Local Canteen
- 사톤 비스타 / Sathorn Vista
- 하이-소 루프톱 바 / HI-SO Rooftop Bar
- 오리엔탈 / Oriental
- 마하나콘 스카이워크 / Mahanakhon Skywalk
- 청논씨 / Chong Nonsi
- Banyan Tree Bangkok
- 짜런쌩 씨롬 / Kamoo Charoensang Silom
- 탄잉 / Than Ying
- 아르노스 수안플루 지점 / Arno's Suanplu
- Shangri-La Hotel
- 마짜로 / Mazzaro
- 쑤라싹 / Surasak
- W Bangkok
- 랏츠.싸톤 / Lots.Sathon
- 싸판딱씬 / Saphan Taksin
- 반 쏨땀 / Baan Som Tam
- 하우스 온 싸톤 / The House on Sathorn
- 싸톤 / Sathorn
- 블루 엘리펀트 / Blue Elephant
- Eastin Grand Hotel Sathorn
- 아르노스 부처 앤 이터리 / Arno's Butcher and Eatery
- Anantara Riverside Bangkok Resort
- 아시아티크 / Asiatique

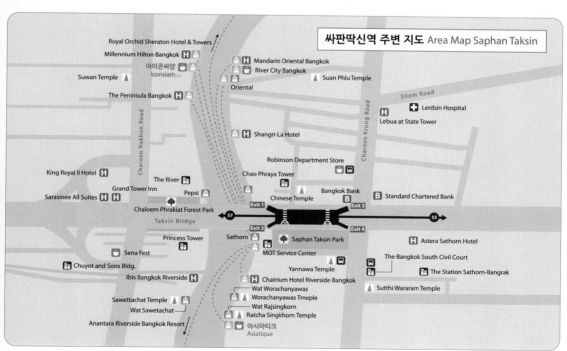

싸판딱신역 주변 지도 Area Map Saphan Taksin

- Royal Orchid Sheraton Hotel & Towers
- Millennium Hilton Bangkok
- 아이콘싸얌 / Iconsiam
- Mandarin Oriental Bangkok
- River City Bangkok
- Suan Phlu Temple
- Suwan Temple
- Oriental
- Silom Road
- The Peninsula Bangkok
- Lerdsin Hospital
- Lebua at State Tower
- Charoen Nakhon Road
- Charoen Krung Road
- Shangri-La Hotel
- Robinson Department Store
- King Royal II Hotel
- Chao Phraya Tower
- The River
- Standard Chartered Bank
- Grand Tower Inn
- Pepsi
- Chinese Temple
- Bangkok Bank
- Sarasinee All Suites
- Chaloem Phrakiat Forest Park
- Taksin Bridge
- Exit 1
- S7
- Exit 3
- S5
- Princess Tower
- Exit 2
- Sathorn
- Saphan Taksin Park
- Exit 4
- Astera Sathorn Hotel
- Sena Fest
- MOT Service Center
- The Bangkok South Civil Court
- Chuyot and Sons Bldg.
- Yannawa Temple
- The Station Sathorn-Bangrak
- Ibis Bangkok Riverside
- Chatrium Hotel Riverside Bangkok
- Sutthi Wararam Temple
- Wat Worachanyawas
- Worachanyawas Tmeple
- Sawettachat Temple
- Wat Rajsingkorn
- Wat Sawetachat
- Ratcha Singkhorn Temple
- Anantara Riverside Bangkok Resort
- 아시아티크 / Asiatique

SIAM

싸얌

방콕에서는 가뜩이나 먹을 것, 즐길 것, 할 것, 살 것이 많은데 크기도 서울보다 2.5배 크다. 이렇기에 모든 면에서 선택과 집중이 필요하다. 방콕 여행에서 쇼핑이 가장 큰 비중을 차지한다면 싸얌을 1순위에 두자. 온갖 백화점은 물론 대형 쇼핑몰이 줄지어 있으며 방콕에서 가장 규모가 큰 센트럴 월드도 이곳에서 만날 수 있다.

짐 톰슨의 집
Jim Thompson House

제2차 세계대전 때 미군 장교로 태국에 왔다가 전쟁이 끝난 후 귀국하지 않고 그대로 남아 태국의 대표 실크 브랜드인 짐 톰슨 타이 실크Jim Thompson Thai Silk를 창시한 짐 톰슨이 거주했던 집이다. 못을 일체 사용하지 않고 티크 나무로 만든 6채의 건물은 200년 이상 된 것이며 집 안에는 짐 톰슨이 수집한 골동품과 도자기, 불상 등으로 가득 차 있다. 영어, 프랑스어, 중국어, 일어로 진행되는 가이드 투어에 참가해야만 집 내부를 볼 수 있으며 사진 촬영은 할 수 없다. 짐 톰슨 타이 실크 매장과 짐 톰슨 레스토랑도 함께 운영한다. 짐 톰슨의 집에서 BTS 역이 있는 큰길까지 무료 셔틀을 운행하고 있다.

📍 BTS 내셔널 스타디움National Stadium역 1번 출구에서 도보 10분
🏠 6 Rama I Road
🕘 09:00-18:00
THB 200B

짐 톰슨 레스토랑 Jim Thompson Restaurant 태국 요리

짐 톰슨 박물관에 있는 레스토랑이며 정성스럽게 준비한 음식과 친절한 서비스로 많은 관광객이 찾아온다. 고급 레스토랑으로 가격은 저렴하지 않지만 짐 톰슨의 집을 방문한 관광객이라면 짐 톰슨의 실크로 만든 실내 인테리어와 서비스 정신을 체험해보길 추천한다. 쏨땀(Som Tam, 180B), 똠얌꿍(Tom Yam Goong, 240B), 그린 커리(Green Curry, 250B) 등 다양한 태국 요리를 맛볼 수 있다.

📍 BTS 내셔널 스타디움National Stadium역 1번 출구에서 도보 5분
🏠 6 Kasem San Soi 2
🕘 매일 런치 10:00-17:00, 디너 18:00-21:30

마분콩 센터 MBK Center

야시장 스타일의 쇼핑몰로 2000여 개의 매장이 다닥다닥 들어서 있으며 주로 저렴한 신발, 의류, 액세서리, 잡화 등과 명품 브랜드의 이미테이션 제품을 판매한다. 더운 날씨에 취약하다면 에어컨이 나오는 마분콩에서 야시장 아이템을 쇼핑해보는 것도 좋다.

📍 BTS 내셔널 스타디움National Stadium역과 직결

🏠 444 Phayathai Road

🕐 10:00-22:00

싸얌 파라곤 Siam Paragon

싸얌 쇼핑몰의 고급화를 주도한 선두 주자로 스펙트럼이 넓은 쇼핑 매장, 레스토랑 그리고 엔터테인먼트가 한 공간에 있다. 샤넬, 디올, 까르띠에 같은 최고급 명품 브랜드부터 H&M, ZARA 같은 중저가 캐주얼 브랜드까지 다양한 숍을 만날 수 있다. 또한 고메 마켓과 나라야도 있어 쇼핑하기 편리하다. 지하에는 아쿠아리움 오션월드, 최상층에는 영화관도 있어 쇼핑과 엔터테인먼트를 동시에 즐길 수 있다.

📍 BTS 싸얌Siam역과 직결

🏠 991 Rama I Road

🕐 10:00-22:00

싸얌 디스커버리 Siam Discovery

2016년 대대적인 리뉴얼을 거쳐 방콕에서 주목할 만한 쇼핑몰로 거듭났다. DIESEL, DKNY, LEVI'S 등 캐주얼 브랜드 의류, 액세서리, 스포츠 웨어 등을 만날 수 있다. 이 외에도 2층에는 LOFT, 3층에는 모카포트로 유명한 비알레띠BIALETTI를 비롯한 유명 주방 소품, 인테리어 소품, 가구 매장이 입점해 있다. 4층에는 마담투소 방콕이 있어 많은 관광객이 찾는다.

📍 BTS 싸얌Siam역 1번 출구 또는 BTS 내셔널 스타디움National Stadium역에서 도보 3분

🏠 989 Rama I Road

🕐 10:00-22:00

센트럴 월드 플라자 Central World Plaza

83만 m²의 면적을 자랑하는 방콕 최대 규모의 쇼핑몰로 500여 개 매장과 더불어 이세탄ISETAN과 젠ZEN 2개의 백화점이 쇼핑몰과 연결되어 있다. 6층과 7층에는 유명 레스토랑, 패스트푸드 등 100개의 음식점이 모여 있다. 워낙 규모가 크기 때문에 원하는 쇼핑과 맛집 리스트를 미리 준비해 인포메이션 센터에서 위치를 확인하는 것이 좋다.

📍 BTS 칫롬Chit Lom역 9번 출구에서 도보 5분 / 쁘라뚜남 선착장Tha Pratu Nam에서 도보 5분

🏠 999/9 Rama I Road

🕐 10:00-22:00

싸부아 바이 킨킨 Sra Bua By Kiin Kiin 미슐랭

미슐랭 스타 셰프인 킨킨의 헨릭Henrik이 운영하는 레스토랑. 연꽃을 뜻하는 '싸부아'라는 이름에 걸맞게 인테리어도 태국의 감성에 연꽃을 더해 고급스러우면서 차분하다. 서양 느낌이 강한 퓨전 태국 요리를 선보이며 저녁에는 똠얌꿍, 그린 커리 등 8개의 코스 요리를 제공하는 Set Dinner(3200B~)가 인기다. 인기 미슐랭 레스토랑인 만큼 예약은 필수이며 드레스 코드가 있어 민소매, 슬리퍼 등의 복장은 금지다.

📍 BTS 싸얌Siam역에서 도보 5분

🏠 991/9 Rama 1 Road

🕐 매일 런치 12:00-15:00, 디너 18:00-22:30

쏨분 시푸드 Somboon Seafood 시푸드, 체인

방콕을 대표하는 해산물 전문점 쏨분 시푸드. 방콕에만 8군데가 있는 유명 체인점이다. 특히 한국인 관광객에게는 쏨분의 시그니처 메뉴 뿌팟퐁까리(Fried Curry Crab, S사이즈 400B)로 잘 알려진 곳이다. 단단한 게를 발라 먹기 번거롭다면 게 순살로 만든 게살 뿌팟퐁까리(Fried Curry Crabmeat, 480B)를 추천한다.

📍 싸얌 스퀘어Siam Square 4층

🏠 Siam Square One, Level 4, 388 Rama I Road

🕐 매일 11:00-21:30

에 시푸드 Aey Seafood เอ้ ซีฟู้ด 시푸드

똠얌꿍 라면 맛집으로 유명한 란 쩨오 쭐라 근처에 있는 해산물 전문점. 현지인이 북적이는 곳으로 큼지막한 새우와 싱싱한 해산물을 꼬치구이나 찜 등 다양한 방식으로 즐길 수 있다. 추천 메뉴는 새우와 당면이 들어간 꿍옵운쎈(กุ้งอบวุ้นเส้น, 70B)과 새우구이(0.6kg, 770B)다.

📍 BTS 내셔널 스타디움National Stadium역에서 도보 17분

🏠 1664 Khwaeng Rong Muang

🕐 매일 17:30-23:30

인터 타이 푸드 Inter Thai Food 태국 요리

1981년에 오픈해 저렴한 가격으로 마음껏 태국 요리를 즐길 수 있는 로컬 식당이다. 고급스럽지 않지만 가성비가 좋고 무난한 맛으로 관광객을 쉽게 접할 수 있는 메뉴가 많다. 특히 닭 껍질 튀김(Crispy Fried Chicken's Skin, 95B)은 먹고 난 후에도 계속 생각날 정도.

📍 싸얌 스퀘어 원Siam Square One 후문 맞은편

🏠 5-8 Siam Square 7 Road

🕐 매일 11:00-21:00

란 쩨오 쭐라

Ran Jeh O Chula ร้านเจ๊โอ 똠얌꿍 라면

한국 매스컴에 소개된 후 더 유명해진 똠얌꿍 라면 맛집. 저녁 11시 이후에 남은 재료를 활용해 끓여주는 마마 똠얌은 야식 메뉴로 인기다. 똠얌꿍 육수에 인스턴트 라면을 넣어주며 토핑에 따라 가격(120B~)이 달라진다. 특히 똠얌꿍 육수가 촉촉이 스며든 고기 완자 토핑을 추천한다. 찾는 사람이 많아 1시간 이상 대기할 수도 있으며 현금만 받는다.

📍 BTS 내셔널 스타디움National Stadium역에서 도보 15분

🏠 113 Khwaeng Rong Muang

🕐 매일 17:00-01:00

애프터 유 디저트 카페

After You Dessert Café

카페, 체인

방콕 젊은이들 사이에서 인기를 끌고 있는 카페로 특히 곱게 간 얼음 위에 크림이 올라간 빙수(Kakigori, 215B)가 유명하다. 빙수 위에 흘러내릴 듯 올라간 색색의 크림은 인스타 사진으로 제격이다. 체인점으로 싸얌 파라곤뿐만 아니라 센트럴 월드, 터미널 21 등 6곳에서 운영하고 있다.

📍 싸얌 파라곤Siam Paragon 쇼핑센터 G층

🏠 Siam Paragon Shopping Center GF

🕐 매일 10:00-22:30

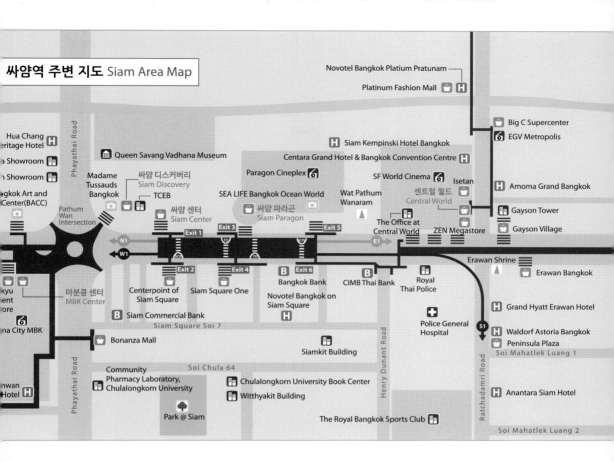

싸얌역 주변 지도 Siam Area Map

Novotel Bangkok Platium Pratunam
Platinum Fashion Mall

Big C Supercenter
EGV Metropolis

Hua Chang Heritage Hotel
Showroom
Showroom

Queen Savang Vadhana Museum

Siam Kempinski Hotel Bangkok
Centara Grand Hotel & Bangkok Convention Centre

Paragon Cineplex

SF World Cinema
Isetan

Amoma Grand Bangkok

Madame Tussauds Bangkok
싸얌 디스커버리 Siam Discovery
TCEB

SEA LIFE Bangkok Ocean World

Wat Pathum Wanaram

센트럴 월드 Central World

gkok Art and Center(BACC)

Pathum Wan Intersection

싸얌 센터 Siam Center

싸얌 파라곤 Siam Paragon

The Office at Central World

ZEN Megastore

Gayson Tower
Gayson Village

N1

Exit 1
Exit 3
Exit 5

E1

Erawan Shrine

W1

Erawan Bangkok

Exit 2
Exit 4
Exit 6
B
Bangkok Bank

B
CIMB Thai Bank

Royal Thai Police

Grand Hyatt Erawan Hotel

kyu ent ore

마분콩 센터 MBK Center

Centerpoint of Siam Square

Siam Square One

Novotel Bangkok on Siam Square

Police General Hospital

S1

Waldorf Astoria Bangkok
Peninsula Plaza

na City MBK

B Siam Commercial Bank

Siam Square Soi 7

Soi Mahatlek Luang 1

Bonanza Mall

Siamkit Building

Henry Dunant Road

Ratchadamri Road

Anantara Siam Hotel

nwan Hotel

Community Pharmacy Laboratory, Chulalongkorn University

Soi Chula 64

Chulalongkorn University Book Center
Witthyakit Building

Park @ Siam

The Royal Bangkok Sports Club

Soi Mahatlek Luang 2

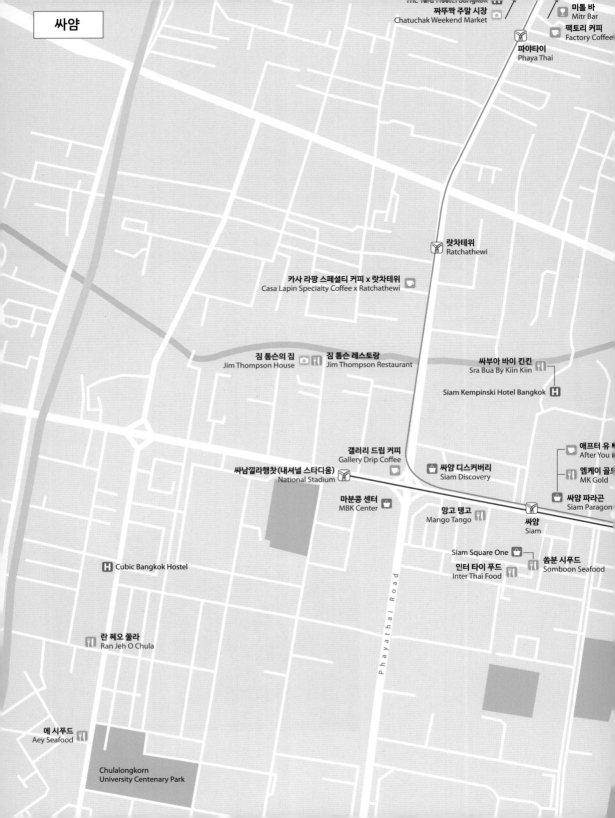

싸얌

짜뚜짝 주말 시장
Chatuchak Weekend Market

미톨 바
Mitr Bar

팩토리 커피
Factory Coffee

파야타이
Phaya Thai

랏차테위
Ratchathewi

카사 라팡 스페셜티 커피 x 랏차테위
Casa Lapin Specialty Coffee x Ratchathewi

짐 톰슨의 집
Jim Thompson House

짐 톰슨 레스토랑
Jim Thompson Restaurant

싸부아 바이 킨킨
Sra Bua By Kiin Kiin

Siam Kempinski Hotel Bangkok

갤러리 드립 커피
Gallery Drip Coffee

싸얌 디스커버리
Siam Discovery

애프터 유
After You

싸남낄라행찻 (내셔널 스타디움)
National Stadium

엠케이 골드
MK Gold

마분콩 센터
MBK Center

망고 탱고
Mango Tango

싸얌
Siam

싸얌 파라곤
Siam Paragon

Siam Square One

인터 타이 푸드
Inter Thai Food

쏨분 시푸드
Somboon Seafood

Cubic Bangkok Hostel

란 쩨오 쭐라
Ran Jeh O Chula

Phayathai Road

에 시푸드
Aey Seafood

Chulalongkorn
University Centenary Park

Road

Phetchaburi Road

tinum Pratunam H

Thanon Ratchadamri

H

🛒 Big C Supercenter

☕ **카사 라팡 스페셜티 커피**
Casa Lapin Specialty Coffee

☕ **레드 다이아몬드 스페셜티 커피**
Red Diamond Specialty Coffee

🍴 **디바나 시그니처 카페**
Divana Signature Cafe

센트럴 월드 플라자
Central World Plaza

InterContinental Bangkok

H H **Holiday Inn Bangkok**

Ad Lib Bangkok H

🌿 **탄 생추어리 스파**(게이손 빌리지)
Thann Sanctuary Spa(게이손 빌리지)

칫롬
Chit Lom

Rosewood Bangkok

H

H **Grand Hyatt Erawan Bangkok**

🍴 **에라완 티 룸**
Erawan Tea Room

The Okura Prestige Bangkok H

플런찟
Phloen Chit

Novotel Bangkok Ploenchit Sukhumvit H

Waldorf Astoria Bangkok
H

JW Marriott Hotel Bangkok H

H **Grande Centre Point Ratchadamri**

JW 카페
JW Café

H **Cape House Hotel**

H **The Athenee Hotel**

H
Anantara
Siam Bangkok
Hotel

H
Courtyard by
Marriott
Bangkok

🌿 **디오라 랑수언**
Diora Lang Suan

🍴 **레인 트리 카페**
The Rain Tree Café

H **Hansar Hotel Bangkok**

H
**Hotel Muse
Bangkok Langsuan - MGallery**

Thanon Witthayu

H **Hotel Indigo Bangkok Wireless Road**

H **The St. Regis Bangkok**

담리
amri

Oriental Residence Bangkok H

SUKHUMVIT

쑤쿰윗

쑤쿰윗 로드는 방콕 시내에서 가장 긴 도로로 방콕 중심부를 동서로 가로지른다. 쑤쿰윗 로드를 중심으로 양옆에는 '쑤쿰윗'이라는 이름의 쏘이Soi,
즉 골목이 무수히 뻗어 있는데 아래쪽은 짝수, 위쪽은 홀수 번호가 매겨져 있으니 이곳에 있는 목적지를 찾아간다면 번호를 기억해두자.
방콕 중심에 있는 나나, 아쏙, 프럼퐁은 물론 텅러, 에까마이까지 쑤쿰윗에 속해 꼭 한 번 이상은 지나게 된다.

엠포리엄 & 엠쿼티어
Emporium & EmQuartier

엠포리엄과 엠쿼티어는 싸얌 파라곤, 게이손과 더불어 방콕을 대표하는 고급 백화점으로 BTS 프럼퐁역을 두고 두 백화점이 서로 마주 보고 있다. 엠포리엄에는 명품 브랜드 매장뿐만 아니라 캐주얼 브랜드, 스포츠 브랜드, 서점 등 다양한 가격대의 매장이 있다. 특히 4층에는 태국 전통 제품 전문 숍인 이그조틱 타이Exotique Thai와 대형 슈퍼마켓 고메 마켓Gourmet Market이 있다. 엠쿼티어는 엠포리엄의 업그레이드 버전으로 주로 세계적인 명품과 태국 내셔널 디자이너 브랜드가 입점해 있다. 5층에는 야외 정원과 전망대가 있으며 6층부터는 가운데가 뚫린 나선형 구조로 유명 레스토랑과 카페가 들어서 있다.

📍 BTS 프럼퐁Phrom Phong역 2번 출구에서 엠포리엄 백화점 2층으로 바로 연결
🏠 엠포리엄 622 Sukhumvit Road / 엠쿼티어 693,695 Sukhumvit Road
🕐 매일 10:00-22:00

엠포리엄 푸드 홀 Emporium Food Hall

엠포리엄 백화점 4층에 있는 푸드 홀로 고메 마켓도 같은 층에 있다. 가장 큰 장점은 고급 백화점답지 않게 가격이 저렴하다는 것. 물론 다른 쇼핑몰의 푸드 코트보다 약간 더 비싸지만 깔끔한 인테리어와 분위기에 맛까지 괜찮고 비교적 여유로운 편이다. 푸드 코트 입구에서 원하는 만큼의 액수를 카드에 충전한 후 먹고 싶은 곳에서 결제하는 시스템으로 잔액은 환불해준다.

📍 BTS 프럼퐁Phrom Phong역과 연결
🏠 622 Sukhumvit Soi 24
🕐 매일 10:00-22:00

엠쿼티어 푸드 홀 EmQuartier Food Hall

지하 1층에 있는 엠쿼티어 푸드 홀은 엠포리엄보다 규모는 작으나 접근성이 좋아 깔끔한 곳에서 여러 가지 음식을 맛보고 싶다면 나쁘지 않은 선택이다. 물론 가격은 로컬 식당보다 비싸며 결제 시스템은 엠포리엄과 같다. 6~9층까지 전문 식당 층이 따로 있으나 가격대가 대부분 높은 편이다. 식사 후나 식사 전에 바로 위층에 있는 고메 마켓에서 쇼핑을 즐겨도 좋다.

📍 BTS 프럼퐁Phrom Phong역과 연결
🏠 693, 695 Sukhumvit Road
🕐 매일 10:00-22:00

터미널 21 Terminal 21

공항을 콘셉트로 한 쇼핑몰로 각 층은 로마, 파리, 런던, 이스탄불, 샌프란시스코 등 유명 도시를 테마로 꾸몄다. 옷, 액세서리, 슈퍼마켓, 레스토랑 등 600여 개의 소규모 매장이 있으며 주로 방콕의 20대가 즐겨 찾는 쇼핑몰로 고급 브랜드 매장보다는 저렴한 캐주얼 매장이 주를 이룬다.

📍 BTS 아쏙Asok역과 통로로 연결
🏠 88 Sukhumvit Soi 19
🕐 매일 10:00-22:00

피어 21 Pier 21 푸드 코트

터미널 21 쇼핑몰 5층에 자리한 대규모 푸드 코트로 저렴하고 깔끔하여 젊은 층의 인기를 끌고 있다. 전용 카드를 미리 구매해 원하는 음식 판매대에서 주문하고 남은 돈은 카드를 반납해 환불받으면 된다. KFC 같은 패스트푸드처럼 쌀국수, 팟타이, 덮밥까지 저렴한 음식이 많아 2인 150B이면 간단한 식사를 즐길 수 있다.

📍 BTS 아쏙Asok역과 연결된 터미널 21 쇼핑몰 5층
🏠 88 Sukhumvit Road
🕐 매일 10:00-22:00

더 로컬 The Local 태국 요리

태국 지방의 특성을 살린 요리법으로 사랑받아온 고급 레스토랑 더 로컬. 가족 대대로 내려오는 비밀 레시피로 정성 들여 요리한다. 100년 넘은 가옥 내부에는 골동품과 민속품으로 태국 현지 느낌이 물씬 풍긴다. 여러 지방의 음식을 모아둔 애피타이저(Appetizer Set, 250B)가 인기이며, 외국인이 많이 찾는 곳으로 거부감 없이 음식을 즐길 수 있다.

📍 BTS 아쏙Asok역에서 도보 8분
🏠 32/1 Sukhumvit Soi 23
🕐 매일 런치 11:30-14:30, 디너 17:30-23:00

껫타와 Gedhawa เก็ดกะหวา　태국 북부 요리

북부 지역인 치앙마이의 분위기와 맛을 느낄 수 있는 곳이다. 카레 국수인 카우쏘이(Egg Noodle Red Curry Northern Style, 100B)와 케일에 건새우, 양파, 고추 등의 재료와 태국식 소스를 함께 싸 먹는 미영카나(Kale Wraps, 130B)가 인기다. 뿌팟퐁까리, 게살 볶음밥 등 일반 태국 요리도 갖추고 있다.

- BTS 프럼퐁Phrom Phong역에서 도보 6분
- 78/2 Sukhumvit Soi 33
- 월~토요일 런치 11:00-14:00, 디너 17:00-22:00, 매주 일요일 휴무

싸얌 티 룸 Siam Tea Room　베이커리 & 레스토랑

방콕 메리어트 마르퀴스 퀸즈 파크Bangkok Marriott Marquis Queen's Park 호텔에서 운영하는 베이커리 겸 레스토랑. 입구에는 전통 가옥으로 고풍스러운 분위기를 풍긴다. 베이커리에서는 빵과 케이크, 커피 등을 판매하며 안쪽에는 요리를 선보이는 다이닝 룸이 있다. 외국인이 많이 이용하는 호텔답게 음식은 퓨전 태국 요리이며 똠얌꿍(Spicy and Sour Prawn Soup, 439B), 팟타이(Pad Thai, 452B) 등 기본적인 태국 음식도 준비되어 있다.

- BTS 아쏙Asok역에서 도보 10분 걸리는 방콕 메리어트 마르퀴스 퀸즈 파크 호텔 1층
- 199 Sukhumvit Soi 22
- 매일 07:00-23:00

©Siam Tea Room

썬텅포차나 Sornthong Pochana ศรทองโภชนา　태국 요리

입구에서부터 풍기는 사떼Satay 냄새가 관광객을 유인하는 곳. 해산물 요리로도 유명하지만 중국인이 운영하는 곳으로 중국 음식도 일품이다. 무난하게 먹을 수 있는 메뉴로는 커리와 함께 볶은 뿌팟퐁까리(Fried Crab with Curry, Small 1200B)이며 큼지막한 새우를 다양한 조리 방법으로 선보이고 있다. 특히 새우 살을 다져 만든 텃만꿍(Prawns Cake, 150B)이 인기다.

- BTS 프럼퐁Phrom Phong역에서 도보 20분, 택시로 7~10분
- 2833 Rama IV Rd
- 매일 16:00-01:30

룽루엉 쌀국수 Rung Reung Pork Noodle รุ่งเรือง ก๋วยเตี๋ยวหมู 쌀국수

일반 로컬 식당으로 똠얌 쌀국수와 똠얌 비빔국수가 대표 메뉴다. 6종류의 면 중에서 하나를 고르고 토핑을 선택한 후 국수 종류와 사이즈(스몰, 미디엄, 라지)를 말하면 된다. 메뉴판에 한글이 적혀 있으니 손으로 짚어 주문해도 괜찮다. 색다른 것을 맛보고 싶다면 똠얌 비빔국수를 추천한다. 가격은 사이즈에 따라 다르고 스몰 50B, 미디엄 60B, 라지 70B이다.

📍 BTS 프럼퐁Phrom Phong역 2번이나 4번 출구에서 도보 4분

🏠 10/3 Sukhumvit Soi 26

🕐 매일 08:00-16:30

청키 Chunky 햄버거

수제 햄버거 맛집으로 'More than Just a Burger'라는 모토를 내걸고 손님을 맞이하는 곳이다. 직접 만드는 햄버거 번이 특히 맛있으며 파스타, 브런치 메뉴도 있으나 햄버거를 제일 추천한다. 두툼한 패티 는 돼지고기와 소고기가 있다. 소고기 패티 버거는 300~350B 정도로 음료까지 먹으면 1만 원이 훨씬 넘어간다는 점, 아쏙역에서 10분 정도 걸어가야 한다는 점이 아쉽다.

📍 BTS 아쏙Asok역에서 도보 10분

🏠 110/1 Sukhumvit Soi 23

🕐 매일 11:00-22:00

카사 라팡 스페셜티 커피 x 26

Casa Lapin Specialty Coffee x 26

카페, 체인

'토끼의 집'이라는 뜻에 걸맞게 귀여운 토끼 로고가 있는 카페로 커피뿐만 아니라 와플, 토스트, 햄버거, 파스타 등 다양한 음식도 판매해 브런치를 즐기기에도 좋다. 쑤쿰윗, 센트럴 월드, 에까마이, 아리 등 방콕에 6개의 카사 라팡이 있으니 동선에 맞는 곳을 고르면 된다. 반 싸바이 스파Baan Sabai Spa에서 마사지를 받고 이곳에서 커피나 식사를 즐긴 후 엠포리엄, 엠쿼티어에서 쇼핑을 하는 일정도 괜찮다.

📍 BTS 프럼퐁Phrom Phong역 2번이나 4번 출구에서 도보 6분

🏠 51 Sukhumvit Soi 26

🕐 매일 08:00-22:00

쑤쿰윗

딸랏 롯빠이2
Ratchada Rot Fai Train Night Market

펫차부리
Phetchaburi

아쏙
Asok

쁘라싼밋
Prasanmit

이딸타이
Italthai

어보브 일레븐
Above Eleven

Fraser Suites Sukhumvit

다니엘 타이거
Daniel Thaiger

왓 마이청롬
Wat Mai Chong Lom

더 커피 클럽 - 하얏트 리젠시
The Coffee Club - Hyatt Regency

Hyatt Regency Bangkok Sukhumvit

더 로컬
The Local

오아시스 스파
Oasis Spa(쑤쿰윗 쏘이 31 지점)

나나
Nana

아르노스 쑤쿰윗 13 지점
Arno's Sukhumvit 13

The Westin Grande Sukhumvit

터미널 21
Terminal 21

쑤쿰윗
Sukhumvit

청키
Chunky

찬 & 유파 티 룸
& Yupa Tearoom

피어 21
Pier 21

Sheraton Grande Sukhumvit

아쏙
Asok

Grande Centre Point
Terminal 21

깻타와
Gedhawa

The Continent Hotel
Bangkok by Compass Hospitality

엔리 유어스
Yenly Yours

Radisson Blu Plaza Bangkok

엠케이 라이브
MK Live

Hotel Clover Asoke

아르노스 엠카르티에 지점
Arno's EmQuartier

Maduzi Hotel

Citadines Sukhumvit
16 Bangkok

엠카르티에 푸드 홀
EmQuartier Food Hall

Holiday Inn
Bangkok Sukhumvit

엠쿼티어
EmQuartier

Benjakitti Park

프럼퐁
Phrom Phong

오아시스 스파
Oasis Spa(쑤쿰윗 쏘이 51 지점)

Bangkok Marriott
Marquis Queen's Park

Emporium
Suites by Chatrium

The Cabochon
Hotel

고지 키친 & 바
Goji Kitchen & Bar

엠포리엄
Emporium

탄 생추어리 스파
Thann Sanctuary Spa
(쑤쿰윗 47)

싸얌 티 룸
Siam Tea Room

엠포리엄 푸드 홀
Emporium
Food Hall

룽루엉 쌀국수
Rung Reung
Pork Noodle

Hilton Sukhumvit Bangkok

DoubleTree by Hilton
Hotel Sukhumvit Bangkok

Hyatt Place Bangkok Sukhumvit

Oneday Hostel

탄 생추어리 스파
Thann Sanctuary Spa
(엠포리움 스위트 바이 차트리엄)

카사 라팡 스페셜티 커피 x 26
Casa Lapin Specialty Coffee x 26

텅러
Thong Lo

Sukhumvit Park, Bangkok

반 싸바이 스파
Baan Sabai Spa

g Toei

쑨씨리낏
Queen Sirikit National
Convention Centre(QSNCC)

Sukhumvit Soi 22

Sukhumvit Soi 24

Sukhumvit Soi 26

The Davis Bangkok

Tesco Lotus Express

썬텅포차나
Sornthong Pochana

Rama IV Ro

THONGLO & EKKAMAI

텅러 & 에까마이

복작거리는 방콕의 모습과 대조되는 텅러에는 세련된 분위기의 고급 레스토랑과 카페가 골목마다 있다. 모던한 퓨전 타이 레스토랑,
열기 가득한 수제 맥줏집, 늦잠을 자고 난 뒤 들르기 좋은 브런치 카페까지 힙한 곳이 한둘이 아니다.
한껏 꾸민 방콕 젊은이들이 찾는 핫한 스폿에서 여유를 부려보고 싶다면 텅러가 제격이다. 이에 힘입어 에까마이도 텅러의 분위기를 이어가고 있다.

더 커먼스 The COMMONS

방콕의 청담동이라고 불리는 텅러 지역에 걸맞게 감각적이고 트렌디한 디자인의 복합 쇼핑몰. 방콕을 대표하는 카페와 레스토랑이 입점해 있다. 층마다 마켓Market, 빌리지Village, 플레이 야드Play Yard, 톱 야드Top Yard와 같이 테마별로 구별해놓았다. 마켓에 해당하는 M층에 유명한 레스토랑이 몰려 있다.

📍 BTS 텅러Thong Lo역에서 도보 20분으로 택시 이용 추천

🏠 335 Thong Lo Soi 17

🕐 매일 08:00-01:00

다니엘 타이거 Daniel Thaiger

방콕에서 '햄버거' 하면 회자되는 곳으로 2013년 푸드 트럭으로 시작한 곳이다. 지금은 시내 중심에 2개의 매장과 트럭을 운영하고 있다. 3종류의 고기 버거는 소고기와 양고기 중 선택할 수 있고 여기에 연어 버거까지 총 4종류의 버거가 있다. 푸드 트럭 정보는 인스타그램에서 확인할 수 있다. 버거 260~330B, 사이드 메뉴 150~220B.

📍 **텅러 지점** 더 커먼스 빌리지 층 **쑤쿰윗 지점** BTS 나나Nana역에서 도보 8분

🏠 **텅러 지점** 335 Thong Lo Soi 17 **쑤쿰윗 지점** 30 Sukhumvit Soi 11

🕐 **텅러 지점** 11:00-01:00 **쑤쿰윗 지점** 11:00-02:00

로스트 Roast 카페 & 레스토랑

브런치를 즐기기 위한 젊은이들로 항상 붐비는 곳이다. 브런치 메뉴로는 에그 베네딕트(Eggs Benedict, 280B), 팬케이크(Pancakes, 220B), 와플(Waffle, 260B) 등 다양한 메뉴가 있으며 저녁에는 파스타(240B), 스테이크(Steak Frites, 890B)와 같은 식사 메뉴가 준비된다. 평일 11시부터 오후 2시까지 1인당 340B~으로 수프, 메인, 디저트가 제공되는 세트 메뉴가 있으니 참고하자. 엠쿼티어에도 지점이 있다.

📍 더 커먼스 톱 야드 층
🕐 매일 10:00-23:00, 금~토요일 09:00-23:00, 일요일 09:00-22:00

루츠 Roots 카페

커피 전문점으로 오직 커피만 판매하며 로스팅한 양질의 원두커피도 구매할 수 있다. 블랙커피(Black, 100B), 콜드 브루(Cold Brew, 100B) 등 커피 한 잔에 약 4000원으로 한국 카페와 비슷한 가격이다. 시즌마다 새로운 메뉴를 선보이니 새로운 커피를 맛보고 싶다면 시도해보자.

📍 더 커먼스 마켓 층
🕐 월~금요일 08:00-20:00, 토~일요일 08:00-21:00

싸바이짜이

Sabaijai ร้านอาหาร สบายใจ <u>태국 요리</u>

텅러 지역에서 보기 드문 가성비 좋은 로컬 식당. 싸바이짜이는 이싼 음식 전문점으로 이싼 음식의 기본인 쏨땀을 게살, 새우, 옥수수 등 토핑에 따라 여러 종류로 선보인다. 이곳의 대표 메뉴인 닭구이, 까이양(Grilled Chicken/Small, 90B)은 한국의 전기 통구이와 비슷한 맛이지만 함께 나오는 소스의 향이 강하니 참고하자.

📍 BTS 에까마이Ekkamai역에서 도보 15분

🏠 87 Ekkamai Soi 3

🕐 매일 10:30-22:30

바미 콘 쌜리 Bamee Kon Sae Lee บะหมี่คนแซ่ลี้ <u>국수</u>

60년 전통의 바미면Egg Noodle으로 유명한 국숫집. 깔끔한 수프 맛으로 누구나 부담 없이 즐길 수 있다. 토핑은 돼지고기, 오리고기, 게살, 완탕 중 고르면 된다. 돼지고기는 로스트와 튀긴 방식이 있으며 가격은 50B부터 있어 저렴하게 한 끼 식사를 해결할 수 있다.

📍 BTS 텅러Thong Lo역에서 도보 2분

🏠 57 Sukhumvit Road

🕐 매일 06:30-23:00

쿠아끄링 빡쏫 Khua Kling Pak Sod <u>태국 남부 요리</u>

<미슐랭 가이드>에 소개된 태국 남부 요리 전문점. 가족 경영 레스토랑으로 방콕 내 5개 지점이 있다. 남부 요리 중 커리 페이스트만 넣고 볶은 쿠아끄링(Khua Kling, 180B)이 대표 메뉴다. 칠리가 많이 들어가 매운 것이 특징이며 양상추에 고기와 볶은 커리를 싸 먹는 요리다. 단, 음식의 향이 강해 호불호가 갈리지만 매운 음식을 좋아한다면 도전해볼 만하다.

📍 BTS 텅러Thong Lo역에서 도보 8분

🏠 98/1 Sukhumvit Soi 53

🕐 매일 런치 11:00-14:30, 디너 17:30-21:30

험두언 Hom Duan ฮอมด่วน 태국 북부 요리

방콕에서 제대로 된 북부 요리를 맛볼 수 있는 레스토랑으로 주인 역시 치앙마이 출신이다. 내부도 깨끗하고 시원해 쾌적한 분위기에서 식사를 할 수 있다. 치앙마이의 대표 음식인 깽항래(แกงฮังเล, 80B)와 카우 쏘이 까이(ข้าวซอยไก่, 80B)를 비롯해 밥에 원하는 반찬을 골라 먹는 가정식 백반을 선보인다. 백반식으로 먹을 경우 고른 반찬 가짓수에 따라 가격이 달라진다.

📍 BTS 에까마이Ekkamai역에서 도보 6분

🏠 31 Sukhumvit Soi 63

🕐 월~토요일 09:00-21:00, 일요일 휴무

잉크 & 라이언 Ink & Lion 카페

잉크 & 라이언은 무엇보다 커피 맛이 좋은 로스터리 카페다. 여러 커피 대회에서 상을 받았으며 레트로 분위기의 내부도 인기 비결이다. 라테가 맛있으며 주문할 때 원두를 선택할 수 있다. 원두, 텀블러, 에코백 등도 판매한다. 커피 100~150B, 케이크 종류 70~100B.

📍 BTS 에까마이Ekkamai역 1번 출구에서 도보 7분

🏠 17 Soi Sukhumvit 63

🕐 월~금요일 08:00-18:00, 토~일요일 09:00-18:00

원 온스 포 어니언 One Ounce for Onion 카페

에까마이 주택가에 있어 조용하고 아늑한 카페 겸 편집 숍. 커피와 브런치를 즐길 수 있으며 와플과 과일이 함께 나오는 플레이트(Morning Fresh, 140B)가 인기다. 드립 커피로 수상 경력이 있는 이곳은 프루티 향이 매력적인 오리지널 블랜드 원두를 이용한다. 타이산 커피 원두로 에스프레소 커피도 맛볼 수 있다. 파스타, 치킨 등과 같은 식사 메뉴도 있어 런치를 즐기러 오는 손님으로 항상 붐빈다.

📍 BTS 텅러Thong Lo 및 BTS 에까마이Ekkamai역에서 차로 8분

🏠 19/12 Soi Ekamai 12 Klongton-Nua

🕐 매일 09:00-18:00

더 커피 클럽 메이즈 지점
The Coffee Club The Maze

카페 · 바 · 레스토랑, 체인

1989년 오스트레일리아 브리즈번에서 오픈한 후 전 세계적으로 뻗어나가는 프랜차이즈로 태국에도 30 개가 넘는 지점이 있다. 24시간 영업하는 지점이 따로 있으며 커피(80~130B) 외에 아침 식사는 물론 브런치, 햄버거, 샌드위치, 파스타 등 식사 메뉴가 다양하고 태국에서는 팟타이, 무쌉 등의 태국 요리도 맛볼 수 있다. 텅러역에서 걸어갈 수 있는 더 커피 클럽 메이즈 지점은 24시간 오픈하는 곳 중 하나로, 텅러역에서 도보 2분 거리에 있는 텅러 지점과는 다른 곳이다.

📍 BTS 텅러Thong Lo역에서 도보 8분
🏠 148 Sukhumvit Soi 55
🕐 24시간 오픈

토비스 Toby's 카페 & 브런치

아늑한 분위기의 카페로 브런치를 즐기러 찾는 사람들이 많다. 예쁜 비주얼로 인기 많은 크리스피 프렌치토스트(Crispy French Toast, 280B)를 비롯해 다양한 브런치 메뉴(에그 & 브레드 290~350B)와 파스타 등도 맛있다. 커피 100~150B, 착즙 주스 150~190B으로 식사와 함께 먹으면 우리나라 브런치 카페와 비슷한 가격이지만 한 번쯤 가볼 만하다.

📍 BTS 텅러Thong Lo역에서 도보 8~10분
🏠 75 Sukhumvit Soi 38
🕐 화~일요일 09:00-22:00, 월요일 휴무

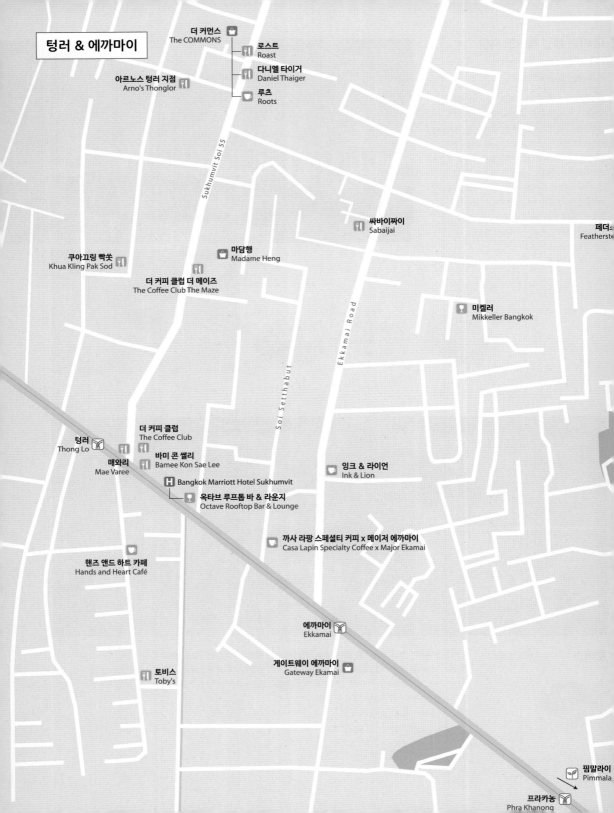

텅러 & 에까마이

더 커먼스
The COMMONS

로스트
Roast

다니엘 타이거
Daniel Thaiger

루츠
Roots

아르노스 텅러 지점
Arno's Thonglor

싸바이짜이
Sabaijai

페더스
Featherste

쿠아끄링 빡솟
Khua Kling Pak Sod

마담행
Madame Heng

더 커피 클럽 더 메이즈
The Coffee Club The Maze

미켈러
Mikkeller Bangkok

Sukhumvit Soi 55

Ekkamai Road

Soi Setthabut

텅러
Thong Lo

더 커피 클럽
The Coffee Club

매와리
Mae Varee

바미 콘 쌔리
Bamee Kon Sae Lee

잉크 & 라이언
Ink & Lion

Bangkok Marriott Hotel Sukhumvit

옥타브 루프톱 바 & 라운지
Octave Rooftop Bar & Lounge

까사 라팡 스페셜티 커피 x 메이저 에까마이
Casa Lapin Specialty Coffee x Major Ekamai

핸즈 앤드 하트 카페
Hands and Heart Café

에까마이
Ekkamai

게이트웨이 에까마이
Gateway Ekamai

토비스
Toby's

핌말라이
Pimmala

프라카농
Phra Khanong

TRAVEL INFO BANGKOK

방콕
기본 정보

태국 Thailand

약 7000만 명의 인구가 살고 있는 태국은 동남아시아 중심부에 있어 인도차이나와 미얀마 그리고 중국 남부 지역의 관문 역할을 한다. 입헌군주제 국가이며 동남아시아 국가 중 유일하게 외세의 지배를 받은 적이 없다. '타이Thai'라는 국명은 '자유', 수도인 방콕은 '천사들의 도시'라는 뜻이다.

시차

한국보다 2시간 느리다.

비행시간

직항, 최소 5시간 35분 소요

언어

태국어(관광지에서는 영어 소통 가능)

비자

90일 내 무비자 체류 가능

여권

유효기간 6개월 이상 남은 여권

전압

220~240V, 한국과 같은 2핀 코드 사용

팁

호텔과 고급 레스토랑은 20~100B, 마사지 숍은 50~100B 정도의 팁을 주는 것이 좋다.

날씨

연평균 기온 29℃, 11~2월은 건기로 베스트 시즌이며 5~10월은 우기로 1일 1~2회 스콜(열대지방 소낙비)을 종종 만날 수 있다.

통화

태국의 통화 단위는 밧Baht으로 보통 B로 표기한다. 1B, 5B, 10B까지는 동전이며 20B, 50B, 100B, 500B, 1000B의 지폐를 사용한다. 1B은 100 사땅Satang이며 25, 50 사땅 동전을 사용한다.

현금 및 신용카드

고급 호텔과 레스토랑, 백화점에서는 신용카드를 사용하기 수월하지만 일반 식당, 편의점 등에서는 사용할 수 없는 경우가 많다. 시내 곳곳에 은행과 환전소, ATM이 있어 편리하게 서비스를 받을 수 있다.

알아두면 유용한 방콕 실용 정보

쏭끄란 Songkran

태국을 대표하는 축제로 매년 4월 13~15일 전후로 열린다. 원래는 새해를 맞이해 상대의 어깨나 손 위에 물을 뿌리며 새해 복을 기원하고 불상을 물로 닦아내며 몸과 마음을 정화하는 것이었다. 하지만 요즘은 거리에서 거대한 물싸움을 벌이는 '물 축제' 형태로 바뀌어 현지인과 관광객이 어우러져 서로에게 물을 뿌려댄다. 카오산 로드와 씨롬 지역 등에서는 격렬하고 시원한 물 축제를 즐길 수 있다.

날씨와 옷차림

방콕의 연평균 기온은 29℃ 정도로 1년 내내 덥다. 일교차는 7℃ 정도이지만 낮과 밤의 온도 차이는 없다고 봐야 한다. 건기인 12~2월에만 밤 기온이 20℃로 떨어져 쌀쌀할 수 있으니 얇은 카디건과 같은 겉옷을 준비하는 것이 좋다.

최고기온, 최저기온(℃)

월	1월	2월	3월	4월	5월	6월	7월	8월	9월	10월	11월	12월
최고기온	32	33	34	35	34	33	33	32	32	32	31	31
최저기온	21	23	25	26	26	25	25	25	24	24	23	20

연평균 강수량(mm)

월	1월	2월	3월	4월	5월	6월	7월	8월	9월	10월	11월	12월
강수량	9	30	29	65	220	149	155	197	344	242	48	10

환전

여행자들이 태국에서 이용할 수 있는 화폐는 태국 공식 화폐인 밧Baht, 미국 달러US Dollar가 있으며 여행자 수표 및 신용카드도 사용 가능하다. 다만 신용카드보다는 현금을 사용할 곳이 많으니 현금을 꼭 준비하자. 방콕에는 각 은행 창구뿐만 아니라 백화점, 편의점 등 곳곳에 ATM 기기가 설치되어 있어 현금을 쉽게 인출할 수 있다. 달러로 가져가 방콕에서 밧으로 환전하는 편이 유리한데, 달러의 경우 100달러 지폐로 준비하는 것이 좋다. 공항이나 호텔보다는 SuperRich 등 시내의 환전소를 이용하는 편을 추천한다.

전화와 인터넷

태국 전화 국가 번호는 +66, 방콕 지역 번호는 2이다. 중상위급 호텔은 대부분 국제전화를 이용할 수 있으나 만약 불가능하다면 중앙 우체국이나 다른 일반 우체국에 가거나 국제전화가 되는 전화 부스를 이용하면 된다. 또는 현지 이동통신사의 SIM 카드를 구매해 좀 더 저렴하게 국제전화를 사용할 수 있다.

SIM 카드

AIS와 TRUE MOVE, DTAC, CAT, TOT 등 5개의 이동통신사에서 모바일 서비스를 제공하며 태국 전역에서 4G 서비스를 제공한다. 공항에서 통신사 창구나 무인 자판기에서 구매할 수 있다.

유용한 전화번호

태국 주재 한국대사관
공관 근무시간 : 월~금요일 08:30-12:00, 13:30-16:30
공관 주소 및 연락처 : Embassy of the Republic of Korea, 23 Thiam-Ruammit Road, Ratcha-Dapisek, Huay-Kwang, Bangkok 10320, Thailand / 66-2-247-7537~39, 66-81-914-5803 (당직 전화)

기타 연락처
관광 경찰 : 1699, 66-2-652-1726, 66-(0)2-652-1721~5 ext.124
경찰 : 191, 123
재태국한인회 : 66-2-258-0331~2

태국 출입국 정보

입국

태국 입국 신고서는 앞면과 뒷면으로 이루어져 있는데, 앞면 오른쪽은 입국 카드, 왼쪽은 출국 카드로 되어 있다. 성, 이름, 생년월일, 방문 목적, 현지 거주지, 전화번호 등 기본 정보를 영어로 작성해야 한다. 출국 카드는 입국 심사 때 여권과 함께 돌려주는데, 출국할 때 다시 제출해야 하므로 잘 보관해야 한다. 뒷면은 통계를 위한 설문 조사로 해당하는 칸에 체크하면 된다.

입국 시 주의 사항

태국에서는 입국하는 일행과 담배나 주류 등을 1개의 쇼핑백에 담는 것을 금지하며 벌금을 부과한다. 예를 들어 일행과 함께 담배 몇 보루를 사서 1개 쇼핑백에 담으면 각각 영수증이 있다고 해도 법에 위반된다. 태국 세관은 공항뿐만 아니라 공항 내외 어느 곳이든 불시에 단속할 수 있으므로 여행객은 반드시 1인 반입 허용량(담배 1보루-200개비, 주류 1l 미만)만 소지해야 한다. 전자 담배는 태국 여행 때 반입이 금지된다.

출국

일반적으로 출발 2시간 전 공항에 도착하면 되지만 부가가치세VAT 환급을 받아야 한다면 늦어도 출발 3시간 이전에는 도착해야 한다. 체크인 전 세관에서 먼저 신청서와 영수증을 제출, 물품 검사를 받아야 한다.

부가가치세 환급 VAT Refund

부가가치세 환급은 물품 구입 후 60일 이내에 태국을 떠나는 여행객에게 해당된다. 총 물품 금액은 부가세 포함 최소 5000B 이상, 각 상점에서 1일 2000B 이상 구매해야 한다. 환급을 받으려면 공항에서 출국 수속 전에 U카운터 옆의 세관에 신청서와 구매 영수증을 제출하고 도장을 받아야 한다. 체크인 후 출국 수속을 하고 출국장에 들어가 부가세 환급 사무소VAT REFUND OFFICE에서 도장을 받은 신청서를 제출하고 환급받을 수 있다.

TIP

방콕에서 짐 없이 여행하는 방법

벨럭 러기지 배달 서비스 Bellugg Luggage Delivery Service

공항에서 호텔까지 또는 체크아웃 후 호텔에서 공항까지 수하물을 미리 공항에 보낼 수 있는 서비스로 벨럭이 대표적이다. 약 600곳 호텔로 배송되며 짐 보관(100~150B) 서비스도 제공한다. 벨럭은 카카오톡(bellugg 검색)으로도 예약할 수 있다. 쑤완나품 공항 지하 1층의 공항 철도 카운터 옆에 배송 및 보관 센터가 있으며 자세한 사항은 홈페이지를 참고하자.

🕐 07:30-23:30
☎ +66 87 336 6666
@ www.bellugg.com

150Baht

300Baht

450Baht

600Baht

출입국 신고서

태국으로 입·출국할 때 작성하는 신고서로 검은색이나 파란색 필기구를 사용해야 한다. 출국 신고서는 입국 심사 후 공항 직원이 여권과 같이 다시 돌려준다. 출국 신고서는 잘 보관하여 출국할 때 제출하거나 분실한 경우 공항에서 다시 작성하도록 하자.

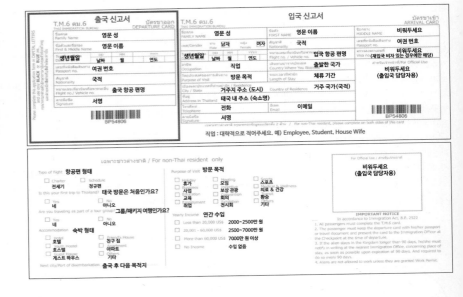

교통편

쑤완나품 공항에서 시내로 이동

공항 철도 Airport Rail Link

공항 B층에 탑승장이 있으며 시티 라인 트레인City Line Train을 따라가다 보면 자동 판매기 또는 창구가 나온다. 그곳에서 원하는 목적지의 티켓을 구매하면 된다. 공항 철도는 06:00-24:00까지 운행하며 BTS와 연결되는 파야 타이역까지 45B, MRT와 연결되는 막까싼역까지는 35B이다.

공항버스 Airport Bus

카오산 로드와 왕궁 근처까지 가는 S1 버스가 있다. 공항 1층 7번 게이트 밖으로 나가 횡단보도를 건너면 공항버스 정류장이 나온다. 편도 요금은 60B이며 06:00-20:00까지 약 30분 간격으로 운행한다.

택시 Taxi

공항 1층에 가면 퍼블릭 택시Public Taxi 승강장이 나온다. 승강장에 있는 기계에서 승차권을 뽑아야 한다. 승차권에는 승강장 번호와 택시 기사의 정보가 담겨 있으며 해당 번호의 승강장에 가면 택시가 기다리고 있다. 공항에서 승차할 때는 대기료 50B도 추가된다. 관광객이 탑승하면 미터기를 이용하지 않고 흥정하는 택시 기사가 있는데 이때에는 거부하면 되고 반드시 미터기를 사용하는지 확인하자. 싸얌과 카오산 로드까지 300B~ 정도 나온다.

시내버스 Bus

시내로 이동하는 가장 저렴한 방법은 시내버스를 이용하는 것이다. 다만 공항 입국 청사가 아닌 공항버스 터미널Transport Center에서 에어컨 버스를 탑승할 수 있다. 대부분 시내보다는 시 외곽을 연결하는 노선이 대부분이라 유용한 교통편은 아니다.
* 쑤완나품 공항 2층에서 공항버스 터미널까지 직행 셔틀버스가 다닌다. 무료이며 약 10분 소요된다.

시내 교통

지상철 BTS

BTS(Bangkok Mass Transit System)는 방콕 도심을 이동할 때 가장 빠르고 편리한 교통수단이다. 싸얌, 나나, 아쏙 등 시내 중심가를 모두 경유한다. 수쿰윗과 씨롬 노선이 있고 두 노선은 싸얌역에서 환승할 수 있다.

1회권 Single Journey Card	1회권은 거리에 따라 16~59B으로 차등 적용된다. 1회권 카드는 자동 판매기나 매표 창구의 역무원에게 구입할 수 있다. 역무원에게 구입할 경우 목적지를 말하면 된다. 자동 판매기는 지폐보다 동전만 되는 기계가 많으며 매표 창구에서 지폐를 동전으로 교환할 수 있다.
래빗 카드 Rabbit Card	충전식 교통 카드로 최소 100B부터 충전할 수 있으며 처음 발급할 때 여권과 발급 수수료 100B이 필요하다. BTS를 자주 이용할 예정이면 시간 절약 및 편의상 래빗 카드 구입을 추천한다. 출퇴근 시간이 겹치면 1회권을 구입하는 데 시간이 걸릴 수 있기 때문이다.
1일 패스 One-Day Pass	1일 무제한 탑승권으로 하루에 BTS를 3번 이상 이용할 때 고려해볼 만하다. 가격은 1인 140B이다.

TIP

승차권 자동 판매기에서 BTS 1회권 구입하기

1 승차권 자동 판매기 찾기
2 탭 및 확대하여 목적지 찾기
3 목적지 선택
4 인원수 선택
5 동전 투입
6 티켓 수령

지하철 MRT

블루 라인Blue Line과 퍼플 라인Purple Line이 있으며 요금은 거리에 따라 차등 적용된다. 성인은 16B부터 시작해 역마다 2~3B이 추가되며 최대 요금은 42B이다. 승차권은 자동 판매기나 안내 창구에서 구입할 수 있다. 편도 티켓은 특이하게 바둑알처럼 생긴 검은색 토큰을 사용한다.

택시 Taxi

방콕에서는 택시를 쉽게 볼 수 있다. 택시를 타고 이동할 때 기사들이 차가 막히면 고속도로를 권유하는데 톨게이트 비용(40~60B)은 승객 부담이다. 택시 기본 요금은 35B, 주행 요금은 km당 6.5B이며 시간 요금은 1분당 3B(시간당 6km 이하 주행 시 적용)이다.

그랩 Grab

방콕의 택시 요금은 비싼 편이 아니어서 일반 택시를 타도 되지만 바가지요금을 씌우는 경우가 많다. 차량 공유 서비스인 그랩을 이용하면 좀 더 편리하게 목적지로 이동할 수 있다. 단, 시내 중심부를 다니거나 교통 체증이 심한 시간에 이동할 때는 BTS를 타는 게 가장 빠르고 효율적이다. 그랩 애플리케이션을 설치할 때 인증 번호가 필요하니 포켓 와이파이Wi-Fi나 로밍을 사용할 계획이면 한국에서 미리 가입해두면 좋다. 현지에서 유심을 살 경우 그랩 애플리케이션 설치하고 현지에서 가입하면 되는데 인증 시 태국 국가 번호(+66)를 선택하고 진행하면 된다.

유심 전화번호를 모르는 경우 확인하는 방법

AIS *545#통화 | DTAC *102*9#통화 | TRUE MOVE *833#통화

보트 Boat

짜오프라야 강을 따라다니는 수상 보트는 일반 보트부터 투어리스트 보트까지 여러 종류가 있다. 관광객이 많이 이용하는 편은 아니지만 왕궁, 왓 아룬, 아이콘싸얌, 아시아티크 등을 다니거나 강변 호텔에 숙박할 때 유용하다. 쌘쌥 운하 보트는 방콕 시내를 가로지르는 좁은 운하를 다니는 교통수단이니 짜오프라야 수상 버스와 혼동하지 말자.

• 짜오프라야 수상 버스 Chao Phraya Express Boat

'르아 두언'이라고도 불리는 수상 버스로 관광객이 이용하는 곳은 한정적이다. 방콕 시내에서 접근하기 편리한 곳은 싸톤 선착장으로 BTS 씨롬 라인의 싸판딱씬Saphan Taksin역과 연결된다. 싸톤 선착장에는 아시아티크, 아이콘싸얌, 페닌슐라 호텔, 만다린 오리엔탈 호텔, 밀레니엄 힐튼 호텔 등의 셔틀 보트도 다닌다. 깃발이 없는 배는 모든 선착장에 서고 오렌지, 그린, 옐로 깃발의 배는 각 해당 색상 깃발이 달린 선착장에만 선다. 요금은 배 종류와 거리에 따라 차등 적용되며 티켓은 선착장이나 배에 타서 구입하면 된다. 운행 시간은 변동될 수 있으니 현지에서 다시 확인하자. 자세한 정보는 www.chaophrayaexpressboat.com 참고.

깃발 색상	운행 요일	운행 시간	요금(B)
🚩 오렌지	매일	06:00-19:00	15
🚩 그린	월~금요일	06:15-08:10 15:30-18:05	13, 20, 32
🚩 옐로	월~금요일	06:15-08:30 15:30-20:00	20, 29
깃발 없음	월~금요일	06:20-08:05 15:00-17:30	10, 12, 14

• 투어리스트 보트 Tourist Boat

짜오프라야 강의 주요 관광지를 볼 수 있는 홉온-홉오프 보트로 30분 간격으로 운행한다. 카오산 로드와 인접한 프라아팃 선착장, 왕궁으로 갈 수 있는 마하랏 선착장, 차이나타운으로 이동할 수 있는 랏차웡 선착장을 비롯해 왓 아룬, 아이콘싸얌, 아시아티크 등을 편리하게 오갈 수 있다. 자세한 사항은 chaophrayatouristboat.com 참고.

🕐 09:00-20:30 / 프라아팃~아시아티크 16:00-20:30, 싸톤~아시아티크 16:30-21:00

THB 1회권 60B, 원데이 패스 200B

톤부리역 Thonburi Railway (N11)

왓 아룬 Wat Arun

아이콘싸얌 Iconsiam

롱 1919 Lhong 1919

CEN

N13

프라아팃 Phra Arthit 카오산 로드까지 도보 10분

타마하랏 Tha Maharaj 왕궁, 왓 프라깨우

크로스 리버 페리

왓 포 Wat Pho (N8 타띠안Tha Tien)

아시아티크 Asiatique 16:00-20:30 (프라아팃 선착장 출발) 16:30-21:00 (싸톤 선착장 출발)

싸톤 Sathorn BTS 싸판딱씬Saphan Taksin 역에 내려 이동

N5

랏차웡 Ratchawong 차이나타운 야오와랏 거리까지 도보 6분

N6/1

팍끌롱딸랏 Pak Klong Taladd (꽃 시장) MRT 싸남차이Sanam Chai 역까지 도보 5분

• 크로스 리버 페리 Cross River Ferry

정해진 노선 없이 강을 좌우로 왕복하는 보트로 '르아 캄팍'이라고 한다. 선착장마다 르아 캄팍이 다니며 짜오프라야 수상 버스와 타는 곳이 다르니 유의하자. 관광객은 주로 타띠안Tha Tien과 왓 아룬Wat Arun 사이를 운행하는 르아 캄팍을 이용한다. 요금은 3~5B.

• 긴 꼬리 배 Long Tail Boat

'르아 항 야오เรือหางยาว'라고 불리는 보트로 '항'은 '꼬리', '야오'는 '길다'라는 뜻이다. 이름 그대로 가늘고 길게 생긴 모터보트로 여러 투어 회사에서 코스를 짜놓고 진행하는 관광용과 렌트용이 있다. 렌트 보트는 요금(1시간에 1인 500~1000B) 흥정이 필수다.

• 쌘쌥 운하 보트 Khlong Saen Saep Boat

방콕 시내를 동서로 가로지르는 좁은 운하를 다니는 보트로 서민 교통수단이다. 교통 체증이 심한 시간에 카오산에서 방콕 시내로 이동할 때 유용하다. 라마 3세 공원 옆, 하얀색의 마하깐 요새Mahakan Fort 근처 판파 다리Phanfa Bridge 선착장에서 출발하면 센트럴 월드 플라자와 인접한 쁘라뚜남Pratu Nam 선착장까지 약 15분 소요된다. 쁘라뚜남을 경계로 서로 다른 보트를 운행하니 좀 더 이동할 경우 쁘라뚜남에서 내려 배를 갈아타야 한다. 요금은 거리에 따라 다른데 10~20B 정도이고 20B 지폐를 준비하는 것이 좋다. 보트에 올라 요금을 걷는 직원에게 하차 선착장을 말하고 돈을 내면 종이 티켓과 거스름돈을 준다. 쁘라뚜남에서 환승할 경우 티켓을 보여줘야 하니 버리지 말고 잘 간직하자.

버스 Bus

방콕에서는 색으로 버스를 구분하며 관광객이 이용할 일은 거의 없다. 빨간색 버스는 에어컨이 없어 창문을 열고 다니며 오렌지색과 파란색은 에어컨 버스다. 자주색은 마이크로 버스로 불리며 에어컨 좌석 버스다. 버스 요금은 차량과 거리에 따라 다르고 안내양이 돈 통을 들고 다니며 요금을 받는다. 버스에 탑승해 요금을 내고 목적지를 말하면 탑승권과 거스름돈을 준다. 조그마한 종이인 탑승권은 버스에서 내릴 때까지 갖고 있어야 한다. 마이크로 버스는 좌석이 다 차면 더 이상 승차할 수 없으며 안내양이 없어 탑승할 때 요금을 지불한다.

뚝뚝 Tuk Tuk

오토바이를 개조한 차량으로 지붕이 있으나 창이 없기 때문에 매연에 그대로 노출된다. 경험상 1번 정도 타보는 것은 좋으나 가격 흥정이 필수이며 바가지 요금을 부르는 기사가 많으니 반 이상 깎은 후 흥정을 시작하자.

오토바이 Motocycle

걷거나 택시 혹은 그랩을 이용하기 애매한 1km 남짓 거리를 이동할 때 편리한 수단이다. 남북으로 뻗은 골목마다 입구에 주황색 조끼를 입은 오토바이 기사들이 있다. 가는 곳을 말하고 뒷좌석에 타면 된다. 골목이 긴 경우에는 목적지마다 요금이 있으나 보통 15~20B이면 갈 수 있다. 단, 사고의 위험이 있으니 적극 추천하지는 않는다.

방콕 여행 예절

행동 예절

상대방을 오래 쳐다보는 것은 무례한 행동으로 때로는 싸움을 거는 행동으로 받아들여질 수도 있다.

머리를 쓰다듬는 행동

친밀함을 표현하기 위한 의도로 머리를 쓰다듬는 것은 태국 사람들에게 무척 무례한 행동이다. 실수로라도 상대방의 머리를 건드렸다면 즉시 사과해야 한다.

물건을 건네줄 때

태국 사람들에게 왼손은 화장실에서는 사용하는 손이므로 다른 사람에게 물건을 건네줄 때는 오른손을 사용해야 한다.

공공 예절

태국 사람들은 공공장소에서 하찮은 입씨름이나 소리지르는 것을 좋아하지 않는다. 만일 공공장소에서 이러한 행위를 벌인다면 예의 없는 사람이라는 말을 들을 수 있다. 또한 공공장소에서 남녀 간의 애정 표현은 바람직한 행동이 아니므로 조심해야 한다.

인사 예절

태국 사람들은 서로 인사할 때 기도하는 것처럼 양 손바닥을 합장한 자세로 'Wai'라는 말과 함께 목례를 한다.

방콕 여행 TIP 10

1 환전

환전은 반드시 밧(Baht, THB) 또는 100달러 지폐로 하자. 태국 돈 밧은 국내에서 큰 지점 은행에서만 취급하기 때문에 환전하기 어렵다. 밧이 없을 때는 꼭 100달러 지폐로 환전하자. 단위가 적은 지폐일수록 태국 현지에서 수수료가 더 부과된다.

2 날씨

태국의 여름 날씨는 밖에 1분만 서 있어도 온몸이 땀범벅이 될 정도로 무덥다. 따가운 햇빛을 가릴 수 있는 모자, 양산, 선크림은 필수이며 더위가 극에 다다르는 낮에는 쇼핑센터, 호텔 등 실내 활동을 추천한다.

3 화장실

한국처럼 모든 터미널과 역에 화장실이 있는 것은 아니다. BTS에는 없지만 MRT 역사에는 화장실이 있다.

4 현금 소액권 준비

택시를 이용할 때 소액권을 준비하자. 택시 기사 중 거스름돈이 없는 사람들이 의외로 많다.

5 뚝뚝은 1~2번 이용

택시가 요금도 저렴하고 쾌적하다. 뚝뚝은 경험 삼아 1~2번 이용하는 것을 추천하며 가격 흥정은 필수다.

6 투어리스트 카드

쇼핑센터 안내 데스크에서 여권을 제시하고 카드를 발급받으면 할인 혜택을 받을 수 있다. 카드가 있으면 와이파이 무료 2시간도 이용할 수 있다.

7 슈퍼마켓 세금 환급

슈퍼마켓에서 환급받을 때 한 곳에서 2000B 이상 구매 시 가능하므로 계획을 세워 한꺼번에 구매하는 것을 추천한다.

8 여권 소지

여행할 때 여권을 제시하는 일이 종종 있으니 여권은 들고 다니는 것이 좋다.

9 생수 구입

물은 생수를 구입해서 마시는 것이 좋다.

10 소매치기

관광지에서 소매치기는 항상 조심하자. 왓 포Wat Pho 사원 내에서는 특히 주의하자.

택시투어 아시아패스

: COUPON

아시아 패스 투어 환급 쿠폰

쿠폰 활용 방법

투어 당일 현지 기사에게 쿠폰을 제출해 주세요.

투어에 따라 2인 200B 또는 300B을 현장에서 환급해 드립니다.

환급 금액

1. 에라완 국립공원+록 밸리 허브 온천 : 2인 300B

2. 아유타야 원데이 투어 : 2인 200B

3. 칸차나부리+에라완 국립공원 투어 : 2인 200B

* 쿠폰은 팀당 1매만 사용할 수 있으며 예약은 최소 2인부터 가능합니다.

- -

💬 카카오톡 @asiapass (365일 상담)

📞 070-8638-4158 (평일 10:00-18:00)

🄴 www.asiapass.co.kr

나에게 딱 맞는 여행

전용 차량과 단독 가이드, 최적의 호텔 선별까지
오직 나만을 위한 멋진 여행을 선사하는
샬레트래블앤라이프

BANGKOK TRAVEL

샬레트래블 맞춤 방콕 여행

Chalet
TRAVEL & LIFE

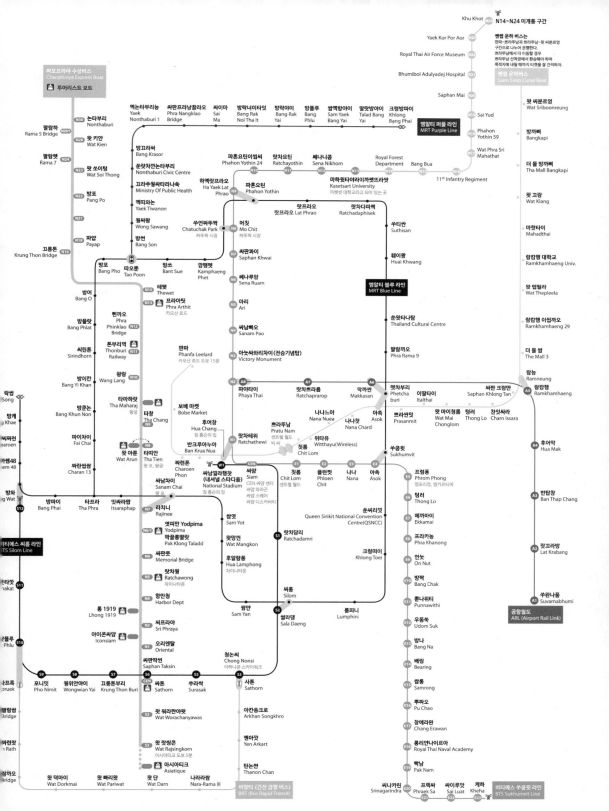

샬레트래블 무크

BANGKOK

방콕

초판 발행 2020년 3월 2일

글 | 노지아
사진 | 강승희
펴낸곳 | ㈜샬레트래블앤라이프
펴낸이 | 강승희 강승일
출판등록 | 제 313-2009-66
주소 | 서울시 마포구 서교동 어울마당로 5길 26. 1~5F
전화 | 02-323-1280
판매문의 | 02-336-8851 shop@chalettravel.kr
내용문의 | travelbook@chalettravel.kr
디자인 | 최윤선
지도 일러스트 | 김선애

ISBN 979-11-88652-21-1 (13910)
값 12,000원

CHALET Travel Mook는 ㈜샬레트래블앤라이프의 출판브랜드입니다.

www.chalettravel.kr